HORST-EBERHARD HENKE

# Die doppelte Rechtsordnung

Schriften zum Bürgerlichen Recht

Band 213

# Die doppelte Rechtsordnung

Gedanken und Einsichten zur Übereinstimmung
des Rechts mit dem gerichtlichen Urteil

Von

Horst-Eberhard Henke

Duncker & Humblot · Berlin

Die Deutsche Bibliothek – CIP-Einheitsaufnahme

**Henke, Horst-Eberhard:**
Die doppelte Rechtsordnung : Gedanken und Einsichten zur Übereinstimmung des Rechts mit dem gerichtlichen Urteil / von Horst-Eberhard Henke. – Berlin : Duncker und Humblot, 1998
  (Schriften zum bürgerlichen Recht ; Bd. 213)
  ISBN 3-428-09552-9

Alle Rechte vorbehalten
© 1998 Duncker & Humblot GmbH, Berlin
Fremddatenübernahme und Druck:
Berliner Buchdruckerei Union GmbH, Berlin
Printed in Germany
ISSN 0720-7387
ISBN 3-428-09552-9

Gedruckt auf alterungsbeständigem (säurefreiem) Papier
entsprechend ISO 9706 ♾

> Es ist die große Sache aller Staaten und Thronen,
> Daß gescheh, was Rechtens ist,
> und jedem auf der Welt das Seine werde.
> Denn da, wo die Gerechtigkeit regiert,
> Da freut sich jeder sicher seines Erbs,
> Und über jedem Hause jedem Thron
> Schwebt der Vertrag wie eine Cherubswache.
> Doch wo sich straflos festsetzt in dem fremden Erbe,
> Da wankt der Staaten fester Felsengrund.
>
> *Friedrich Schiller*
> Demetrius, Erster Aufzug

# Vorwort

In welchem Maße vermögen Richter und Gerichte Wahrheit und Gerechtigkeit in menschlichen Konflikten zu schaffen? Unzweifelhaft bemühen sie sich auch heute, diesen Idealen in der täglichen Arbeit Geltung zu verschaffen. Aber der Zeitgeist nagt auch an ihren Fundamenten und schwächt ihre Kraft, sich die innere Unabhängigkeit zu bewahren.

Die Erkenntnis, daß es menschliche und fachliche Grenzen der Rechtspflege gibt und daß aus diesem Grunde die privatautonome Regelung zwischenmenschlicher Beziehungen eine zweite, oftmals passendere und diskrete Lösung ist, dürfte schon in der Zeit des römischen Prozeßrechts, vielleicht unbewußt, das städtische, gutsherrliche und kaufmännische Leben des römischen Reichs beeinflußt haben. Diesen fast unvermeidlichen Zwiespalt zwischen dem Anspruch der Gerichte, das Recht „zu bewähren", und seiner begrenzten Erfüllung sucht die vorliegende Abhandlung zu ergründen. Er findet seine Lösung in einer „doppelten", d. h. einer gerichtsförmigen und einer privatautonomen, Regelung zwischenmenschlicher, öffentlicher und völkerrechtlicher Beziehungen.

Eine über den Rahmen des eigenen Fachs hinausgehende Betrachtung kann nur im Zusammenwirken vieler Kräfte entstehen. Daher ist es geboten, allen denen zu danken, die meine Arbeit getragen und gefördert haben: Meiner Frau für ihre große Geduld und Fürsorge, meiner früheren Assistentin Dr. Frauke Wernecke für ihre ermutigende und bessernde Anteilnahme, dem Fachbereich Rechtswissenschaft der Freien Universität Berlin, der dem „Heimkehrer" seine Bibliotheken und Einrichtungen in großzügiger Weise öffnete, den Berliner Kollegen Kunig und Graf v. Pestalozza für ihre aufmerksame Beratung auf dem Gebiet des öffentlichen Rechts, der hiesigen „Treuhand Liegenschaftsgesellschaft" für die Einführung in die schwierige Materie der Verwertung konfiszierten Eigentums und nicht zuletzt der mir in besonderer Weise verbundenen Verlagsbuchhandlung Duncker & Humblot sowie ihrem Geschäftsführer Herrn Professor Dr. Simon für die Aufnahme in ihr Verlagsprogramm.

Berlin, im April 1998 *Horst-Eberhard Henke*

# Inhaltsverzeichnis

I. Gibt es eine einheitliche oder eine doppelte Rechtsordnung? ................ 9

   1. Die verschiedenen Sichtweisen des Rechts ................................. 9

   2. Beispielhafte Erläuterung des dargestellten Ansatzes ..................... 11

      a) „Res iudicata ius facit inter partes" – das rechtskräftige Urteil als Wahrspruch und Quelle des Rechts in den Beziehungen der Parteien untereinander? ........................................................................ 11

      b) Die Fehlerhaftigkeit eines verfassungsgerichtlichen Urteils wegen Nichtbeachtung der Menschenrechte. .......................................... 13

      c) Die Gefahr opportunistischer Lösung kultureller und ethnischer Konflikte .. 24

II. Die römische „actio" und das englische „writ": Erscheinungsformen der Einheit oder Vielheit von Privat- und Prozeßrecht? .............................. 26

   1. Begriff und beispielhafte Erläuterung des aktionenrechtlichen Denkens ......... 26

      a) Der Begriff der „actio" ................................................. 26

      b) Der Begriff des aktionenrechtlichen Denkens ............................. 28

      c) Beispielhafte Darstellung verschiedener Aktionen ........................ 29

      d) Die rechtliche und soziologische Unzulänglichkeit des aktionenrechtlichen Denkens ................................................................. 35

      e) Die Überwindung des aktionenrechtlichen Denkens ....................... 42

   2. Die „action" des französischen bürgerlichen Rechts und Zivilprozeßrechts ...... 46

   3. Das englische „writ" – die Klageformel eines nicht-römischen Zivilprozesses ... 49

      a) Der Begriff des „writ" ................................................. 49

      b) Die „actio" und das „writ" im Vergleich ................................. 50

      c) Der beherrschende Einfluß des „writ" ................................... 51

      d) Die einseitige Wirkungsweise des „writ" ................................ 52

   4. Die römische „actio" und das englische „writ" als bloße Programme eines Rechtsstreits ............................................................. 57

**III. Die doppelte Rechtsordnung in der Gegenwart: Rechtsdurchsetzung außerhalb der Gerichte** .............................................................. 60

   1. Die Verkürzung des Rechtsschutzes vor den bürgerlichen Gerichten ............ 60

   2. Die Prozeßvermeidung als Ziel der Rechtspolitik ............................... 62
      a) Die gesetzlich vorgesehene Schlichtung ..................................... 62
      b) Die obligatorische und die freiwillige Schlichtung ......................... 65
          aa) Der Begriff der „Schlichtung" ......................................... 65
          bb) Die Typologie der Schlichtung ........................................ 66
          cc) Die Chancen der Schlichtung ......................................... 68
          dd) Die Schlichtung – Faktor oder Modethema des Rechtslebens? .......... 70

   3. Formen und Foren der privaten Lösung von Rechtskonflikten ................... 76

   4. Die Lösung von Konflikten im Völkerrecht ..................................... 78

   5. Die politische, privatautonome und europäisch-richterliche Bereinigung der menschenrechtswidrigen Konfiskationen ........................................ 83

**IV. Die Theorie der doppelten Rechtsordnung – eine destruktive oder heilsame Erkenntnis?** ................................................................ 88

**V. Zusammenfassung in Thesen** ..................................................... 89

**Verzeichnis der wichtigsten verwendeten Literatur** ................................ 92

# I. Gibt es eine einheitliche oder eine doppelte Rechtsordnung?

## 1. Die verschiedenen Sichtweisen des Rechts

Das „Recht", *im Idealfall* eine sinnvoll aufgebaute Summe von Geboten und Verboten, kann in der einen Sichtweise als *identisch* mit den Entscheidungen der Gerichte als der berufenen Interpreten und Vollstrecker seiner Normen gedacht werden. Nach dieser auf die staatliche Autorität aufbauenden Auffassung sind „Recht und Gericht" deckungsgleich: Erst das Gericht sagt, was in einem gegebenen Fall, d. h. in der Bewährung einer abstrakten Norm, das „Recht" ist. Das rechtskräftige Urteil schafft, je nachdem, ob es ein Recht zu- oder aberkennt, mindestens eine Bestärkung, wenn nicht gar eine neue Schöpfung der Rechtslage. Denn das zuerkannte Recht, das vor dem Urteil bestritten war, gewinnt nunmehr Sicherheit und Durchsetzungskraft; war es nicht existent, so tritt es jetzt in Erscheinung.

In verneinder Hinsicht setzt die aberkennende Entscheidung dem bestrittenen und sogar dem existenten Recht ein Ende: Es ist im wahren Sinne des Wortes „nicht mehr in der Welt". Sollten es die vormaligen Prozeßparteien wiederbeleben wollen, beispielsweise um ihre Beziehungen auf eine vom Urteil abweichende Grundlage zu stellen, müssen sie es *unter Einhaltung der dafür vorgesehenen Formen* neu begründen.

Die abweichende, für eine *doppelte Rechtsordnung eintretende* Auffassung[1] kann sich zu einer derartigen Ineinssetzung nicht durchringen. Sie leugnet zwar nicht, daß die Gerichte *im Streitfalle* über die Auslegung der Normen und die Durchsetzung von Rechten ein gewichtiges Wort sprechen, zumal da Urteile, die eine Leistung zuerkennen, vollstreckbar sind. Aber sie sieht in den Gerichten *nur eine Instanz* unter den verschiedenen staatlichen und gesellschaftlichen „das Recht" im Sinne der *konkreten Rechtsbeziehungen* bildenden Kräften: Die Parteien eines Rechtsverhältnisses, beispielsweise Vermieter und Mieter, Arbeitgeber und Arbeitnehmer, Leasinggeber und Leasingnehmer, leben nach einer eigenen, nicht

---

[1] Den Ausdruck der „doppelten Rechtsordnung" entnehme ich dem Kommentar zur Zivilprozeßordnung von Stein/Jonas/Leipold, 20. Auflage, RdNr. 24 zu § 322, und dem Werk von Julius Binder, Prozeß und Recht (1927), Seite 8, 42, 44, 46 und 85. Beide Autoren verstehen den Ausdruck als das Auseinanderfallen der Beziehungen zwischen den Prozeßparteien einerseits und der Rechtsschutzordnung sowie dem Urteilsinhalt andererseits.

selten von den anerkannten Autoritäten abweichenden Ordnung. Rechte und Pflichten werden nach dieser Beobachtung in gegenseitiger Fühlungnahme, soziologisch umschrieben in einer „Interaktion"[2], im „sozialen" oder „kommunikativen Handeln"[3], begründet und befolgt. Selbst im Streitfall versuchen die Kontrahenten nicht selten, den Gang zum Gericht zu vermeiden, weil sie nicht, wie sie es ausdrücken, in die „Fänge" der Rechtsanwälte und die „Mühlen" der Justiz geraten wollen.

Privatautonome Regelungen haben den Vorteil der Diskretion, wenn sich die mit einem Staatsakt verbindenden politischen Standpunkte einen „vernünftigen" Ausgleich nicht mehr zulassen.

Kommt es gleichwohl zu einem Rechtsstreit, ist diese Deutung nüchtern genug, im Gericht keinen Künder von unbezweifelbaren Wahrheiten zu sehen: Eröffnet doch gerade der Zivilprozeß den Parteien mannigfaltige Einwirkungsmöglichkeiten, weil es ihnen obliegt, das Streitprogramm zu bestimmen, die ihr Begehren begründenden Tatsachen vorzutragen und, soweit sie bestritten sind, zu beweisen. Auch das Zivilprozeßrecht folgt in seinen Institutionen der Vollstreckungsabwehrklage (§ 767)[4], der Restitutionsklage (§ 580) und der Durchbrechung der materiellen Rechtskraft bei sittenwidrigem Vorgehen einer Partei in analoger Anwendung des § 826 BGB der Idee der doppelten Rechtsordnung: Beide Rechtsbehelfe bezwecken, den Zwiespalt zwischen der urteilsmäßig festgestellten und der „wahren" Rechtslage nach den Normen des sachlichen Rechts wieder aufzuheben[5]. Darüber hinaus sind die Rechtsverfolgung und -verteidigung in *jedem Prozeß*, auch in Strafsachen und Streitigkeiten über die Auslegung und Auswirkung der Verfassung, von den Kräften und finanziellen Mitteln der Parteien abhängig: „Der eine hat Recht, der andere einen guten Anwalt", hieß es in der Werbung für eine den Rechtsstaat demaskierende Kampagne einer Boulevardzeitung[6].

In dieser eher skeptischen Sicht gedeutet, ist das „Recht" im *konkreten Sinne der Beziehung zwischen Parteien* weniger eine der Gerechtigkeit verpflichtete Ord-

---

[2] Zum Begriff der „Interaktion" Th. Raiser, Das lebende Recht, 2. Auflage (1995), Seite 150 und 194.

[3] Noch immer vorbildlich in Erkenntnis und Ausdrucksweise Max Weber, Wirtschaft und Gesellschaft, a. a. O., § 1 II, „Begriff des sozialen Handelns".

[4] Beispielsweise wegen eines nach Rechtskraft geschlossenen außergerichtlichen Vergleichs zwischen den Parteien oder eines Verzichts des Gläubigers auf einen Teil seiner Forderung.

[5] „Die Wirkung der Rechtskraft muß zessieren, wo sie bewußt rechtswidrig zu dem Zwecke herbeigeführt ist, dem, was nicht Recht ist, den Stempel des Rechts zu geben" (BGH 26, 324 zur Rechtfertigung der Durchbrechung der Rechtskraft vermittels einer Norm des materiellen Rechts: § 826 BGB).

[6] „Bildzeitung", Dezember 1996 und Januar 1997.

nung von Geboten und Verboten, als vielmehr Ausdruck von *Spielregeln gesellschaftlichen Verhaltens. Sein bestimmender Maßstab ist in diesem Rahmen die Zweckmäßigkeit, weniger die Gerechtigkeit.*

Gibt es also eine „identische" oder eine „doppelte" Rechtsordnung?

Die Aktualität der Fragestellung ist nicht bloß dogmatischer Natur, sie befriedigt mithin nicht nur ein theoretisches Interesse ohne praktische Auswirkung[7], sondern ist *rechtstatsächlich* und vor allem *rechtspolitisch* von Belang und berührt somit auch den Bestand des Staates. Sie ergibt sich aus dem gegenwärtig gefährdeten Ansehen der Gerichte[8], aus der fortgesetzten Verkürzung des Rechtsschutzes vor den bürgerlichen Gerichten und der erst erahnten Unfähigkeit der Justiz, kulturelle und ethnische Konflikte allein nach „Recht und Gesetz", d. h. im Blick auf die *vor ihr stehenden Parteien, auf ihr Begehren und dessen sachliche Berechtigung* und nicht nach unreflektierten allgemeinen Einschätzungen, sog. „Volksweisheiten" über den Nationalcharakter[9], oder gar nach Opportunität zu lösen.

## 2. Beispielhafte Erläuterung des dargestellten Ansatzes

### a) „Res iudicata ius facit inter partes"[10] – das rechtskräftige Urteil als Wahrspruch und Quelle des Rechts in den Beziehungen der Parteien untereinander?[11]

Die bis auf den heutigen Tag nicht auf einen Nenner zu bringenden Ansichten darüber, welchen Einfluß das rechtskräftige Urteil auf die Beziehungen der Partei-

---

[7] Wie die unzähligen Darstellungen über das Verhältnis von „Prozeß und Recht", jüngstens beispielsweise A. Kollmann, Begriffs- und Problemgeschichte des Verhältnisses von formellem und materiellem Recht (1996).

[8] Die Kritik an der heutigen Strafgerichtsbarkeit findet ihren Ausdruck häufig in plakativen Vorwürfen, etwa: „Täterfreundliche Liberalität – Die Gerichte strafen nicht gern, die Juristen helfen dabei, die Gesellschaft leidet" (Böhlk, „Frankfurter Allgemeine Zeitung" vom 6. Mai 1997); „Verbrechen lohnt sich wieder. Kriminalbeamte prangern den Gesetzesungehorsam der Justiz an" (Dietrich, „Frankfurter Allgemeine Zeitung" vom 8. November 1997).

[9] „Alle Südländer sind...", „Alle Afrikaner fallen dadurch auf, daß...", „Engländer sind gewöhnlich..."

[10] Die Parömie ist in dieser wörtlichen Fassung nicht klassisch, sie ist vielmehr dem Codex iuris canonici, can. 1642, § 2 entnommen. Dort heißt es: „Eadem (i.e. res iudicata) facit ius inter partes."

[11] Im gleichen Sinne die sog. materiell-rechtliche Theorie des rechtskräftigen Urteils, so die bei Gaul, Festschrift für Flume (1978), Band I, Seite 443/94, angeführten Schriftsteller. Die Digesten (D I, 5, 25 – Ulpian) verbinden mit dem Tenor und den Feststellungen des Richterspruchs die nunmehr geltende Wahrheit: „Ingenuum accipere debemus etiam eum, de quo sententia lata est, quamvis fuerit libertinus: quia res iudicata pro veritate accipitur."

en ausübt[12]: ob es das sachliche Recht bekräftigt, neu schafft, gegebenfalls sogar vernichtet oder diese Beziehung unberührt läßt und nur den richterlichen Spruch dagegen schützt, durch ein gerichtliches Erkenntnis wieder in Frage gestellt zu werden, lassen sich, abstrakt-dogmatisch wie sie einander gegenübergestellt werden, nicht mit Klarheit erfassen. Bedienen wir uns also eines praktischen Beispiels.

Ein im Jahr 1995 gefälltes Berufungsurteil des Landgerichts Nürnberg-Fürth[13] hatte über den Anspruch eines Verkäufers von Computer-Software auf Bezahlung des nach seiner Darstellung offenen Kaufpreises von 3.999.- DM zu befinden. Die Software hatte der Paketzusteller eines privaten Unternehmens („UPS") dem verklagten Käufer an der Wohnungstür ausgehändigt.

Der Beklagte behauptete die bare Bezahlung mit vier Tausend-DM-Scheinen. Die Klägerin stellte diesen Hergang in Abrede.

Die in der Berufungsinstanz erhobenen Beweise über die Aushändigung der Ware gegen oder ohne Bezahlung erbrachten nach Ansicht der Berufungskammer kein greifbares Ergeb-

---

„Wenn jemand durch Urteil für freigeboren erklärt wurde, obwohl er nur ein Freigelassener war, so müssen wir die Entscheidung akzeptieren: Weil die rechtskräftig entschiedene Sache mit der Annahme der Wahrheit verbunden ist."

Aufschlußreich als Stimmen des heutigen Zeitalters ist die Auffassung der französischen Literatur: „La chose jugée acquiert une autorité particulière: elle a force de vérité legale (res judicata pro veritate habetur)". „Die rechtskräftig entschiedene Sache gewinnt eine besondere Autorität; sie hat die Kraft einer Wahrheit von Gesetzes wegen (Croze et Morel, Procédure civile, 1988, § 66).

Auch das Nachschlagewerk von Dalloz, Répertoire de Droit civil, Vol. V, „Chose jugée, Généralités", no. 3, legt fest: „En réalité, la nécessité d'assurer la stabilité des rapports juridiques a amené le législateur à exiger que les décisions de justice soient respectées au même titre que la loi d'autant que, dans la majorité des cas, la décision du juge est une manifestation de vérité. Ainsi, l'autorité attachée n'est que la suite logique de la fonction juridictionelle et la présomption de vérité n'est autre q'une justification qui figure parmi les „éléments intellectuels et constructifs" qui ont conduit le législateur à protéger ce qui a été définitivement jugé...". „Unter den gegebenen Umständen hat die Notwendigkeit, die Rechtsverhältnisse dauerhaft zu sichern, den Gesetzgeber veranlaßt anzuordnen, daß den Entscheidungen der Gerichte die gleiche Autorität wie ein Gesetz zukomme, und dies umso mehr, als das gerichtliche Urteil in der Mehrzahl der Fälle ein Niederschlag der Wahrheit ist. Somit ist die ihm beigelegte Wirkung nur die logische Folge der von der Justiz zu lösenden Aufgaben, und die Vermutung der Wahrheit zählt zu den mit der Kraft einer endgültigen Entscheidung bekleideten „intellektuellen und konstruktiven Urteilselementen ...".

[12] Die Einsicht, daß der Streit noch heute, einundeinhalbes Jahrhundert nach den Betrachtungen v. Savignys über die dem sachlichen Recht zukommenden Wirkungen der Rechtskraft, seine Bedeutung behalten hat, macht der Blick in den Kommentar zur Zivilprozeßordnung von Stein/Jonas, 20. Auflage (1987), bearbeitet von Leipold, offenbar, wo es in RdNr. 34 zu § 322 heißt: „Dem primären Zweck, die rechtlichen Beziehungen zwischen den Parteien endgültig festzulegen, wird eine nur prozessuale Betrachtung der Rechtskraft nicht gerecht. Was im Urteil rechtskräftig ausgesprochen wurde, ist die Rechtslage, die nunmehr gelten soll und nach der sich die Parteien richten sollen."

[13] Aktenzeichen 11 S 5102/95 vom 27. 9. 1995. Die erste Instanz hatte die zwischen den Parteien streitige Bezahlung, der Zeugenaussage der Ehefrau des Beklagten folgend, bejaht und dementsprechend die Klage abgewiesen.

## 2. Beispielhafte Erläuterung des dargestellten Ansatzes 13

nis. Die Aussagen des Paketzustellers und der Ehefrau des Beklagten standen einander diametral gegenüber: Die Ehefrau behauptete die bare Bezahlung, der Zusteller stellte sie, wie es in dem Urteil heißt, „entschieden in Abrede".

Die Kammer sah sich außerstande, den Streitpunkt aufzuklären oder den Knoten durchzuschlagen. Sie stellte fest: „Beide Zeugen, deren Aussagen für sich gesehen widerspruchsfrei waren, blieben auch bei eindringlichem Vorhalt der jeweils entgegenstehenden Aussage des anderen Zeugen bei ihren Angaben. Der Kammer standen keinerlei Anhaltspunkte zur Verfügung, die geeignet gewesen wären, einer der beiden, in einem unlösbaren Widerspruch zueinander stehenden Aussagen den Vorzug zu geben." Da der Beklagte nach ihrer Auffassung den ihm obliegenden Beweis der Bezahlung nicht erbracht hatte, war er zur Zahlung zu verurteilen."

In der hier anzunehmenden, kritischen Variante des Sachverhalts hatte der verklagte Käufer 4.000 DM bezahlt[14], mit der Folge, daß das Berufungsurteil und die sog. „wahre" Rechtslage auseinandergingen. Hat unter diesen Umständen die landgerichtliche Kammer dem Verkäufer einen *zweiten* Kaufpreisanspruch zugesprochen oder ist ihr Urteil lediglich, *gemessen an der Ordnung des Zivilprozeßrechts*, unangreifbar? Hätten wir es bei dieser Sicht der Dinge also mit einer *doppelten*, nämlich der prozeßrechtlichen und der davon abweichenden privatrechtlichen Ordnung, zu tun?

Der Gegensatz der Auffassungen spitzt sich auf die Frage zu, ob der Zivilprozeß auch dann eine „Wahrheit" schafft, wenn er die „Wahrheit", wie die Richter zugeben, nicht hat ergründen können?[15]

### b) Die Fehlerhaftigkeit eines verfassungsgerichtlichen Urteils wegen Nichtbeachtung der Menschenrechte

aa) Ein Urteil des Bundesverfassungsgerichts, ergangen im Jahr 1991, hatte eine Gratwanderung zwischen den Anordnungen des Gesetzgebers, der Wahrheitsliebe und den vielfach verbrieften Menschenrechten zu bestehen.

Zu befinden war über die Bestandskraft von Konfiskationen[16], welche die damalige sowjetische Besatzungsmacht und unter ihrem Einfluß, wenngleich den Zugriff vielfach noch

---

[14] Hatte der Käufer nicht bezahlt, so ist das Urteil nichts weiter als ein mit staatlicher Autorität bekräftigter und mit der Vollstreckbarkeit des Kaufpreisanspruchs versehener gerichtlicher Ausspruch. Die Möglichkeit einer Unterschlagung des Kaufpreises durch den Zusteller sei hier ausgeklammert, weil bürgerlich-rechtlich ohne Relevanz: Sie wäre auf jeden Fall dem Verkäufer als dem Auftraggeber des zustellenden Unternehmens zuzurechnen (§ 164 BGB).

[15] Das Beispiel spricht m.E. entschieden für die auf das Prozeßrecht beschränkte Wirkung der materiellen oder inneren Rechtskraft: Die materielle Rechtslage bleibt vom rechtskräftigen Urteil „völlig unberührt", allein ihre Beachtung in späteren Prozessen wird ausgeschlossen (A. Blomeyer, Zivilprozeßrecht, a. a. O., § 88 III 2).

verschlimmernd, die Behörden der früheren Russischen Besatzungszone ausgesprochen hatten[17]. Mit Hilfe dieser Konfiskationen bemächtigten sich die Länder der damaligen sowjetischen Besatzungszone des Eigentums an Wirtschaftsbetrieben, Industrieanlagen und – in diesem Zusammenhang von besonderem Interesse – des landwirtschaftlichen Grundbesitzes in einer Größe von mehr als 100 ha, ja sogar des über die „einfache Lebensführung" hinausgehenden persönlichen Besitzes der enteigneten Klassen der Bevölkerung[18].

Das Inventar der konfiszierten Industrieunternehmen, Gewerbe- und Handwerksbetriebe sowie Ladengeschäfte in einem Umfang von insgesamt 9870 Einheiten wurde zu einem erheblichen Teil demontiert und in die Sowjetunion verbracht.

Das Schicksal des konfiszierten *landwirtschaftlichen* Besitzes ist einer juristischen Odyssee vergleichbar: Aus den Höfen wurde zunächst ein „Bodenfonds" gebildet, der die parzellierten Flächen an „landlose oder landarme Bauern, Flüchtlinge und Umsiedler", sog. „Neubauern", weitergab. Da die „Bodenreform" wegen der Unerfahrenheit vieler Neubauern die Erträgnisse nur schmälerte, wurde sie durch die Kollektivierung der Landwirtschaft abgelöst, die sich nach der Wende des Jahres 1989 in einer Privatisierung fortsetzte. Siebzig Prozent der weggenommenen Flächen verblieben jedoch im Volkseigentum, sie fielen nach der Wiedervereinigung als sog. Finanzvermögen[19] in die Treuhandverwaltung der Bundesrepublik, die es durch eine „Bodenverwertungs- und -verwaltungsgesellschaft" („BVVG") mit dem Sitz in Berlin „ für ihre Rechnung verwerten läßt: Art. 22 des Einigungsvertrages vom 31. 8. 1990[20]. Die Erlöse beliefen sich im Jahr 1997 auf rund 320 Millionen[21].

---

[16] Die „Enteignung" im technischen Sinn des Begriffs läßt die Eigentumsordnung unangetastet, die „Konfiskation" stellt sich dagegen als eine Strafe wegen angeblich sozialschädlicher Nutzung dar, sie ist aus diesem Grunde nicht sach-, sondern personenbezogen (zutreffend Maurer, JZ 1992, Seite 183/85: „Zur Terminologie"). Die Verfolgung durch die Sowjets und die deutschen Kommunisten zielte auf die Beseitigung ihnen mißbeliebiger „Klassen" der unterworfenen Bevölkerung; der Ausdruck der „Enteignung" verdeckt die hinter den Eingriffen stehende marxistisch-leninistische Ideologie.

[17] Der Sachverhaltsbericht folgt der Darstellung des Urteils des Bundesverfassungsgerichts vom 23. 4. 1991 (E 84, 90/96 ff.) und der in die Materie eindringenden Arbeit von Stefan v. der Beck, a. a. O., Seite 66 ff.

[18] Von der Beck, a. a. O., Seite 71.

[19] Das „Finanzvermögen" dient der öffentlichen Verwaltung nur mittelbar, nicht durch die Nutzung, sondern durch die Erträgnisse, die es abwirft; sie tragen zur Finanzierung der öffentlichen Aufgaben bei.

[20] Der Einigungsvertrag ist veröffentlicht in BGBl. 1990 II, Seite 889 ff.
Die zu *Wohn- oder Gewerbezwecken* genutzten Immobilien veräußert eine „Treuhand Liegenschaftsgesellschaft " („TLG"), die ebenfalls in Berlin arbeitet. Ein Ende November 1997 herausgegebener Prospekt des Unternehmens preist die zum Verkauf stehenden größeren Besitzümer unter der Überschrift an: „Wir machen Ihnen den Hof – Schlösser und Herrenhäuser der TLG".
Die „Berliner Morgenpost" vom 10. Januar 1998 berichtet: „Krongut Bornstedt verkauft – Berliner Investorengruppe plant Hotel und Museum."

[21] „Frankfurter Allgemeine Zeitung" vom 10. Januar 1998: „Höhere Erlöse aus dem Landverkauf im Osten."
In einer im März 1998 in Berlin gehaltenen Pressekonferenz berichtete die „BVVG", allein im Land Brandenburg seien noch 25 520 zum großen Teil landwirtschaftlich genutzte Immo-

## 2. Beispielhafte Erläuterung des dargestellten Ansatzes

In der Zwischenzeit beginnen die neuen Bundesländer Bodenreform-Flächen wieder an sich zu ziehen, wenn deren heutige Nutzer als bloße Erben der früheren Neubauern nur „Bauern dem (Erb-)Scheine nach" sind, etwa, weil sie ein „Bodenreform-Grundstück" heute gewerblich nutzen oder als Bauland zu Geld machen wollen, und aus diesem Grunde zu keiner Zeit einen Anspruch auf Zuweisung des Eigentums hatten[22].

Bei den Verhandlungen über den Beitritt der DDR zur Bundesrepublik bestanden die Unterhändler der DDR auf der Unantastbarkeit der „Enteignungen" in den Jahren 1945 bis 1949[23]. Sie beriefen sich auf eine ihren Standpunkt bekräftigende Position der sowjetischen Regierung. Diese Behauptung beeinflußte die Verhandlungen über das Zustimmungsgesetz des Bundestages vom 23. September 1990[24] zum Einigungsvertrag und die Erörterungen vor dem Bundesverfassungsgericht über die Frage: Sind die Konfiskationen Unrechtsakte, die sich trotz ihrer Billigung durch eine verfassungsändernde Mehrheit des Bundestages nicht mit der Wertordnung des Grundgesetzes vereinbaren lassen?

Der damalige Bundesjustizminister Kinkel, sein Staatssekretär Kastrup und der letzte Ministerpräsident der DDR de Maizière wurden in der mündlichen Verhandlung vor dem ersten Senat des Verfassungsgerichts „angehört"[25]. Ihre Aussagen schlagen sich in dem ergangenen Urteil wie folgt nieder[26]:

„Die Anhörung hat den Vortrag der Bundesregierung bestätigt, daß bei den Verhandlungen über den Einigungsvertrag und bei den Zwei-plus-Vier-Verhandlungen[27], ohne deren erfolgreichen Abschluß die Einheit Deutschlands nicht hätte verwirklicht werden

---

bilien zu privatisieren. Mit Einschluß von Gebäuden und Anlagen verwalte die Gesellschaft gegenwärtig 34 457 Objekte („Berliner Morgenpost" vom 10. 3. 1998).

[22] Die neuen Länder haben das positive Recht auf ihrer Seite: Art. 233, §§ 11 - 12 EGBGB in der Fassung des Registerverfahren-Beschleunigungsgesetzes vom 20. 12. 1993 (BGBl. I, Seite 2182/2214. Die Rechtslage stellt Hartmann im Soergelschen Kommentar, 12. Auflage (1996), Erläuterungen zu Art. 233 EGBGB, § 12, dar. Die Gerichte dürfen sich auf das Urteil BGHZ 132, 71 berufen, dessen Leitsatz die Rechtslage zusammenfaßt: „Der Erbe eines vor dem 16. 3. 1990 verstorbenen Neubauern hat das gemäß Art. 233 § 11 II Nr. 2 Fall 1 EGBGB erworbene Eigentum an einem Grundstück aus der Bodenreform nur dann nicht weiter zu übertragen, wenn in pauschalierter Nachzeichnung der Besitzwechselvorschriften der ehemaligen DDR die Zuteilung des Grundstücks als Hauswirtschaft oder zu Zwecken der Land- oder Forstwirtschaft an ihn bei Ablauf des 15. 3. 1990 möglich gewesen wäre. Fehlt es hieran, ist das Grundstück an den Fiskus des Landes aufzulassen, in dem es belegen ist, soweit kein vorrangig Berechtigter i.S. von Art. 233 § 12 II EGBGB vorhanden ist."

[23] Dies scheint auch der Standpunkt der SPD-Ministerpräsidenten der alten Bundesländer gewesen zu sein, so Dästner in einer Abhandlung über die Mitwirkung der Länder bei den Entscheidungen zur Wiederherstellung der deutschen Einheit („Frankfurter Allgemeine Zeitung" vom 20. Dezember 1997): „Entschädigung müsse Vorrang haben vor Rückübereignung."

[24] BGBl. II, Seite 885.

[25] Nach § 77 BVerfGG: „Das Bundesverfassungsgericht hat ... der Bundesregierung Gelegenheit zur Äußerung ... zu geben."

[26] BVerfG E 84, 127 f.

[27] Gemeint sind die völkerrechtlichen Absprachen der Bundesrepublik und der DDR mit den vier sog. Sieger- und Besatzungsmächten. Die später geschlossenen Verträge stellten die volle Handlungsfreiheit der Bundesrepublik wieder her.

16 I. Gibt es eine einheitliche oder eine doppelte Rechtsordnung

können, der Ausschluß der Restitution sowohl von der Deutschen Demokratischen Republik als auch von der Sowjetunion zur Vorbedingung gemacht worden ist. Beide Staaten hatten ihre Gründe für diese Haltung einleuchtend dargelegt. Der Deutschen Demokratischen Republik war vor allem daran gelegen, den sozialen Frieden in ihrem Gebiet nicht dadurch zu gefährden, daß die durch die Enteignungen geschaffenen neuen Eigentumsverhältnisse wieder in Frage gestellt wurden. Der Sowjetunion kam es dagegen, wie insbesondere durch die Angaben von Staatssekretär Dr. Kastrup deutlich geworden ist, im ganzen darauf an, daß die unter ihrer Oberhoheit als Besatzungsmacht durchgeführten Maßnahmen, die ihren rechts-, wirtschafts- und gesellschaftspolitischen Vorstellungen entsprachen, nicht nachträglich zur Disposition des seinerzeit besiegten Deutschlands gestellt wurden. Die Bundesregierung durfte unter diesen Umständen davon ausgehen, daß die Chance zur Herstellung der Einheit Deutschlands nicht hätte genutzt werden können, wenn auf diese Bedingung nicht eingegangen worden wäre. Die Einschätzung dessen, was nach der Verhandlungslage erreichbar war, unterlag dabei der eigenverantwortlichen, pflichtgemäßen Beurteilung der Bundesregierung und entzieht sich der verfassungsgerichtlichen Nachprüfung ...".

Der Einfluß dieser Aussagen auf die Zurückweisung der Verfassungsbeschwerden ist nach den im folgenden zitierten, tragenden Sätzen des Urteils nicht zu bezweifeln. Gleichwohl konnten die Verfassungsrichter einer drängenden Frage nicht ausweichen, die so zu formulieren war: Vergingen sich nicht die Konfiskationen wegen ihres ganz willkürlichen Zugriffs, der völligen Rechtlosigkeit der Enteigneten, ihrer häufigen Einkerkerung und der Vertreibung von ihrem Besitz innerhalb von wenigen Augenblicken an der „Menschenwürde" und den „unverletzlichen und unveräußerlichen Menschenrechten" der Opfer[28] *und machte sich der Bundestag nicht zum Komplizen des Unrechts, das er mit seinem Zustimmungsgesetz vom 23. September 1990*[29], *Grundpositionen der Verfassung preisgebend*[30], *in das geltende Recht der Bundesrepublik übertrug*[31]*?*

Diese Frage sei wegen ihres ausschlaggebenden politischen *und rechtlichen* Gewichts vorab, mit dem Rang vor den begrifflich-dogmatischen Erwägungen des Verfassungsgerichts, behandelt[32]. Die außenpolitischen Rücksichten schlagen sich in dem Kernsatz des Urteils

---

[28] Das Schicksal eines Fischers auf Rügen läßt sich stichwortartig so schildern: Verhaftung im Oktober 1945, Einlieferung in ein „Sonderlager", dort Tod im März 1947, Wegnahme des gesamten hinterlassenen Besitzes im November 1948, Rehabilitation durch die Generalstaatsanwaltschaft der Russischen Föderation im Juli 1994. Das Landesamt zur Regelung offener Vermögensfragen lehnt im April 1995 die Restitution ab und beruft sich dabei auf das Urteil des Bundesverfassungsgerichts vom 23. 4. 1991 (nach einem Bericht der „Frankfurter Allgemeinen Zeitung" vom 16. 10. 1996). Weitere Schicksale sind bei Sobotka, Wiedergutmachungsverbot?, Seite 43 - 79, dargestellt.

[29] BGBl. 1990 II, Seite 885.

[30] Artt. 79 III, 1 I - II GG.

[31] V. der Beck, a. a. O., Seite 285 - 86, erwähnt sogar die „Enteignung" bereits Verstorbener, die in der heutigen Praxis der Vermögensämter als „Enteignung an den, den es angeht" konstruiert wird (!).

[32] Den Einfluß der Außenpolitik auf die rechtliche Regelung hebt Maurer, a. a. O., Seite 184/85, hervor: „Die Frage, ob und inwieweit die „Enteignungen", die in der ehemaligen sowjetischen Besatzungszone erfolgten und in der DDR bestehen blieben, zu revidieren sind, ist zunächst unter politischen Gesichtspunkten zu beurteilen und zu entscheiden ... Die im

## 2. Beispielhafte Erläuterung des dargestellten Ansatzes

nieder[33]: „Die Regelung in Nr. 1 Satz 1 der Gemeinsamen Erklärung[34] verbietet es, die Enteignungen als nichtig zu behandeln, und schließt es darüber hinaus aus, ihre Folgen durch eine Rückgabe der enteigneten Objekte umfassend zu bereinigen. Dagegen verbietet die Regelung nicht einen vermögenswerten Ausgleich der erlittenen Beeinträchtigungen."

Um die außenpolitisch angreifbare Position des Verfassungsgerichts herauszustellen, seien fünf Varianten des Sachverhalts beleuchtet[35]:

*Gesetzt den ersten Fall: Der Sowjetunion war daran gelegen, jede Erörterung über ihr Besatzungsregime abzuschneiden. War ein derartiges die geschichtlichen Fakten unterdrückendes „Verbot" für ein deutsches Verfassungsgericht beachtlich? War nicht aus diesem Grunde die Darstellung der Bundesregierung, rechtlich gesehen, für die Entscheidung gar nicht von Belang?*

*Gesetzt den zweiten Fall, die Sowjetunion habe die behauptete „Vorbedingung" nicht gestellt: Hätte sie sich dann durch die Restitution der enteigneten Werte „verletzt" fühlen können?*

*Gesetzt den dritten Fall: Die „Vorbedingung" sei tatsächlich gestellt worden. Wäre dann nicht auch der spätere Verkauf des weggenommenen Besitzes an jedweden Bieter, darunter die ihres Eigentums beraubten „feudalen und junkerlichen Großgrundbesitzer", ein Affront gegen die frühere Besatzungsmacht?[36] Oder fiel der – behauptete – Affront hinweg, weil die früheren Eigentümer ihr Hab und Gut „zur Strafe" zurückkaufen mußten? Aber dann war doch das Ziel einer Bodenreform, soweit überhaupt vertretbar, wieder aufgegeben, zumal da auch der Rückerwerb zu einem bloß symbolischen Preis im Ermessen der Bundesrepublik und der sonstigen Rechtsnachfolger der DDR lag.*

---

Einigungsvertrag getroffene Lösung ist eine politische Entscheidung. Sie muß aber verfassungsrechtlich standhalten. Das BVerfG hatte sie allein unter verfassungsrechtlichen Gesichtspunkten zu überprüfen, *wobei freilich nicht ausbleiben konnte, daß es die politischen Voraussetzungen und Folgen seines Urteils mitberücksichtigte und mitberücksichtigen mußte."*
(Hervorhebung durch den Autor).

[33] Seite 121 f. des Urteils.

[34] BGBl. 1990 II, Seite 1237: „Die Enteignungen auf besatzungsrechtlicher bzw. besatzungshoheitlicher Grundlage (1945 bis 1949) sind nicht mehr rückgängig zu machen. Die Regierungen der Sowjetunion und der Deutschen Demokratischen Republik sehen keine Möglichkeit, die damals getroffenen Maßnahmen zu revidieren."

[35] Die Außenminister der Bundesrepublik und der damals noch existierenden DDR haben zwar in einem „Gemeinsamen Brief" an die früheren Besatzungsmächte vom 12. September 1990 die Unantastbarkeit der Enteignungen versichert (v. der Beck, a. a. O., Seite 344 - 345). Diese Erklärung fiel indessen wegen des Fehlens einer dahingehenden Forderung der Sowjetunion und ihrer gravierenden Verletzung zwingenden Völkerrechts durch die Konfiskationen (darüber unten Seite 19 FN. 45 ff.) ins Leere.

[36] Nach einer Mitteilung der „Berliner Morgenpost" vom 15. 11. 1997: „Den märkischen Uradel zieht es heim", beabsichtigt der Kaufmann Hubertus v. Rochow, „Sproß eines der berühmtesten märkischen Adelsgeschlechter", das enteignete Schloß Reckan im Kreis Potsdam-Mittelmarkt von der Gemeinde Reckan für zwei bis drei Millionen Mark zurückzukaufen, denkmalgerecht zu sanieren und darin eine private Jugendhilfeeinrichtung zu betreiben – ein Affront gegen die nicht mehr existierende Sowjetunion??

*Gesetzt den vierten Fall: Die Bundesrepublik hätte die weggenommenen Werte gegen die Verpflichtung der Konfiskationsopfer restituiert, dem Gemeinwohl ein Opfer zu bringen*[37] *– eine „Beleidigung" der in dieser Form nicht mehr existierenden Sowjetunion?*

*Gesetzt den fünften Fall: Ein Opfer der nationalsozialistischen Verfolgung ist in der Person des zeitweiligen Rechtsnachfolgers (des sog. Ariseurs) durch die frühere Sowjetzone erneut „enteignet", d. h. um die Rückerstattung der von den Nationalsozialisten geraubten Güter gebracht worden. Wie kann die „Kritik" der sowjetischen Konfiskationen vermieden werden, wenn der (beispielsweise jüdische Verfolgte) den nach § 1 VI des Vermögensgesetzes begründeten Restitutionsantrag stellt?*[38]

Es dauerte nicht lange, bis Zweifel gegen die von der Bundesregierung behaupteten „Vorbedingungen" laut wurden[39]: Der letzte Präsident der Sowjetunion Michail Gorbatschow konstatierte nach diesen Angaben: „Von einer Alternative Restitutionsverbot oder Scheitern des Großen Vertrages konnte keine Rede sein."

Der für seine Unterhändler verantwortliche damalige Außenminister der Sowjetunion Eduard Schewardnaze äußerte sich ähnlich entschieden: „Vorbedingungen in bezug auf die Vereinigung haben wir nicht gestellt. Bei den Besprechungen ist dieses Thema nicht erörtert worden – weder im Stab von Gorbatschow noch im Außenministerium"[40].

Es liegt nahe, daß die Vertreter der mit der Verfassungsbeschwerde angegriffenen Bundesrepublik *unverbindlich* gebliebene Äußerungen sowjetischer Stellen im *Vorstadium* des Vertrages vor dem Verfassungsgericht zu *verbindlichen* „Vorbedingungen" des *endgültigen Vertrages* erhoben, um den Unterhändlern der DDR, unter ihnen insbesondere dem früheren Ministerpräsidenten de Maizière, „entgegenzukommen"[41].

*Dessen ungeachtet beharrte das Verfassungsgericht bei seiner einmal gefaßten Meinung*[42]. Ein fünf Jahre danach gefaßter Beschluß rückt die Aussagen des früheren Bundesjustizmini-

---

[37] Wiederherstellung des heruntergewirtschafteten Besitzes, Abgabe von Teilen der restituierten Flächen an soziale Einrichtungen, wie in dem Fall des Kaufmanns Hubertus v. Rochow.

[38] In diesem Sinne auch v. der Beck, a. a. O., Seite 304.

[39] Eine nachträgliche Korrektur der behaupteten Vorbedingungen findet sich dem „zweiten" Enteignungsbeschluß des Bundesverfassungsgerichts vom Jahre 1996 (E 94, 12/16 ff.).

[40] In Übereinstimmung mit BVerfG E 94, 16 ff. Wassermann, Deutsche Wohnungswirtschaft 1996, Seite 71, FN. 9 - 11. Dort auch der Hinweis auf die fiskalischen Beweggründe des Restitutionsausschlusses.

[41] Maurer, a. a. O., Seite 189: „Der Restitutionsausschluß scheint auch weniger ein außenpolitisches Problem, sondern mehr ein innenpolitischer Streitpunkt gewesen zu sein, wobei die Differenzen nicht nur zwischen den beiden deutschen Staaten, sondern auch innerhalb derselben bestanden."
Die sorgfältige und m.E. ganz unparteiische Untersuchung von v. der Beck, a. a. O., Seite 229, spricht von einer „Verengung, wie zugleich Verzerrung und damit eine insgesamt unrichtige Darstellung der sowjetischen Verhandlungsposition."
Ein Eingeständnis der treibenden Kräfte enthält der Zuruf des heutigen Bundestagsabgeordneten der SPD Markus Meckel, letzter Außenminister der DDR, in der 15. Sitzung des Bundestages vom 16. 1. 1997: „Wir (d. h. die Vertreter der DDR) wollten das!" Verhandlungen des Deutschen Bundestages, 13. Wahlperiode, Stenographische Berichte, Band 187, Seite 13690.

[42] E 94, 36 vom 18. April 1996.

## 2. Beispielhafte Erläuterung des dargestellten Ansatzes

sters, seines Staatssekretärs und des letzten Ministerpräsidenten der DDR in ein günstiges Licht: „Der Sachvortrag der Beschwerdeführer enthält kein schlüssiges Vorbringen, das den Aussagegehalt dieser Erklärungen erschüttern und zu der Annahme führen könnte, die Einschätzung der Verhandlungspositionen durch die Bundesregierung sei pflichtwidrig gewesen...".

*Die sich aufdrängende Frage, ob nicht der Verkauf der weggenommenen Güter zum Höchstgebot an beliebige Bieter die jetzt nicht mehr existierende Sowjetunion hätte „beleidigen" können, blieb wiederum unbeantwortet.*

bb) Gibt es eine mit den gerichtlichen Entscheidungen „identische" oder eine mit ihnen nicht notwendig übereinstimmende, eben „doppelte", Rechtsordnung? Auf die *dogmatische* Schlüsselfrage der vorliegenden Betrachtung führt eine der tragenden Aussagen des verfassungsgerichtlichen Urteils vom Jahre 1991[43]:

„Läßt man etwaige Ansprüche auf völkerrechtlicher Grundlage zunächst außer Betracht, bestand keine Rechtsposition der Betroffenen mehr, in die der Gesetzgeber mit der beanstandeten Regelung eingegriffen hätte. Ein verfassungsrechtlicher Makel unter diesem Gesichtspunkt scheidet danach von vornherein aus.

Die Enteignungen im Gebiet der sowjetischen Besatzungszone können unabhängig davon, ob sie unmittelbar von der sowjetischen Besatzungsmacht veranlaßt wurden oder ob den von dieser Besatzungsmacht eingesetzten deutschen Stellen insoweit ein eigener Entscheidungsspielraum zustand, nicht dem Verantwortungsbereich der dem Grundgesetz verpflichteten Staatsgewalt der Bundesrepublik Deutschland zugerechnet werden."

Das Gesetz über das Bundesverfassungsgericht vom Jahre 1951 bekleidet die Entscheidungen dieses Gerichts mit *Gesetzeskraft*, wenn sie eine Norm des positiven Rechts an ihrer Übereinstimmung mit der Verfassung messen: §§ 31, 13, Nr. 11 BVerfGG. Akzeptiert man diese *gesetzesgleiche* Qualität, so ist das Ergebnis *bei formaler Sicht der Dinge* klar: Auch wenn sich die Zweifel gegen die tatsächlichen Annahmen und rechtlichen Schlüsse des Enteignungsurteils vom Jahre 1991 und des ihm folgenden Beschlusses aus dem Jahre 1996 nicht unterdrücken lassen, bleiben die Einwände gegen die Entscheidungen unbeachtlich, weil die mit der Verkündung eintretende Rechts- und Gesetzeskraft alle Bedenken zu blassen Theorien werden ließ: Roma locuta causa finita.

Eine andere, die *rechtsethische und rechtspolitische* Seite betonende Auffassung kann sich mit diesem „glatten" Ergebnis nicht abfinden. Sie gibt *nach den jetzt geltenden Maßstäben der Bundesrepublik* zu bedenken: Die in der damaligen Sowjetischen Zone unter der Oberhoheit der Sowjetunion verhängten „Enteignungen" waren wegen ihrer Willkür, der völligen Rechtlosigkeit der Opfer, insbesondere ihrer auch persönlichen Verfolgung[44], die bis zur Vernichtung ihrer Testamente in amtli-

---

[43] E 84, 90/122.

[44] Die Ausweisung aus ihren Wohnorten und die Verschleppung vieler Opfer in Lagerhaft stellt von der Beck, a. a. O., Seite 75, dar.

cher Verwahrung gingen (!)⁴⁵, und des Zieles, eine „Klasse" der Bevölkerung um ihr Hab und Gut zu bringen, organisierte Raubzüge – durchaus vergleichbar mit der Wegnahme jüdischen Besitzes als einer „rassischen" Verfolgung durch die Nationalsozialisten. Die von der Sowjetunion gedeckten Konfiskationen, *ein schwerer Bruch des Völkerrechts*⁴⁶, konnten trotz der späteren Legalisierung durch die DDR kein Eigentum der Täter, ihrer Hehler und der bösgläubigen Erwerber⁴⁷ begründen, weil sie sich über *„unverletzliche und unveräußerliche* Menschenrechte"⁴⁸ hinwegsetzten, die „zu achten und zu schützen Verpflichtung aller staatlichen Gewalt ist": Art. 1 I und II GG, Artt 2 und 17 *des auch von der Bundesrepublik ratifizierten und in das innerstaatliche Recht übernommenen „Internationalen Pakts über bürgerliche und politische Rechte"*⁴⁹. Diese Normen, auf die Konfiskationen bezogen durch die entsprechende Anwendung des § 935 BGB, begründeten die Nichtigkeit der sie verfügenden sowjetischen Befehle und der deutschen Verwaltungsakte⁵⁰.

---

⁴⁵ Von der Beck, a. a. O., Seite 76.

⁴⁶ Ich schließe mich insoweit der *wohlabgewogenen und nüchternen* Schlußfolgerung der Untersuchung von v. Beck, a. a. O., Seite 192, an, die wörtlich ausführt: „... daß es sich bei den durch die sowjetische Besatzungsmacht verantworteten Völkerrechtsverstößen um schwerste Mißbräuche der Ausübung von Besatzungsgewalt handelt. Nach heutigen Maßstäben kann kein Zweifel daran bestehen, daß ein entsprechendes Besatzungsgebahren dem Verdikt des „international crime" unterläge und daß hierin zugleich die grobe Verletzung von für die Völkerrechtsgemeinschaft grundlegenden Pflichten erga omnes erblickt werden müßte." Gleicher Auffassung W. Seiffert bei Sobotka, Seite 535.

⁴⁷ Diese Rechtsfolge ist in ihrer positiven Alternative anerkannt in den §§ § I, 3 und 4 II des Gesetzes zur Regelung offener Vermögensfragen in der letzten Fassung vom 2. Dezember 1994 (BGBl. I, Seite 3610): „Vermögenswerte, die den Maßnahmen im Sinne des § 1 unterlagen und in Volkseigentum überführt oder an Dritte veräußert wurden, sind auf Antrag an die Berechtigten zurückzuübertragen, soweit dies nicht nach diesem Gesetz ausgeschlossen ist ...
Die Rückübertragung ist (ferner) ausgeschlossen, wenn *natürliche Personen, Religionsgemeinschaften oder gemeinnützige Stiftungen* nach dem 8. Mai 1945 *in redlicher Weise* an dem Vermögenswert Eigentum oder dingliche Nutzungsrechte erworben haben."

⁴⁸ Menschenrechte vor dem Beitritt der DDR zur Bundesrepublik, danach Grundrechte gegen die Bundesrepublik.

⁴⁹ Sog. „Menschenrechtspakt der Vereinten Nationen vom 19. 12. 1966 (BGBl. 1973, Teil II, Seite 1533/1534): Art. 2: „Jeder Vertragsstaat verpflichtet sich, die in diesem Pakt anerkannten Rechte zu achten ...", Art. 17: „Niemand darf willkürlichen oder rechtswidrigen Eingriffen in sein Privatleben, seine Familie, seine Wohnung und seinen Schriftverkehr oder rechtswidrigen Beeinträchtigungen seiner Ehre und seines Rufes ausgesetzt werden. Jedermann hat Anspruch auf rechtlichen Schutz gegen solche Eingriffe oder Beeinträchtigungen."
Auf die Streitfrage, ob völkerrechtliche Verträge durch einen besonderen Akt der Transformation („Umgießung") oder durch den bloßen Vollzug des Ratifizierungsgesetzes die Eigenschaft innerstaatlichen Rechts erlangen (näher dazu R. Geiger, Grundgesetz und Völkerrecht, 2. Auflage, 1994, § 32 II 2), kommt es hier nicht an: Der Pakt ist innerstaatliches Recht: Artt. 1 - 3 des Gesetzes vom 15. 11. 1973.

## 2. Beispielhafte Erläuterung des dargestellten Ansatzes

Ein gravierender Verstoß gegen das Grundrecht *der Gleichheit vor dem Gesetz* ist auch das „Parteienprivileg" des Einigungsvertrages und des diesen Vorzug gutheißenden Zustimmungsgesetzes, das den politischen Parteien die Rückerstattung ihres konfiszierten Vermögens einräumt und auf diese Weise den Restitutionsausschluß umgeht[51].

Das Zustimmungsgesetz des Bundestages vom 23. September 1990 zum Einigungsvertrag[52] und der durch dieses Gesetz in die Verfassung eingefügte Art. 143 III GG haben zwar die räuberische Wegnahme von Vermögenswerten, einen klaren Verstoß gegen „unverletzliche und *unveräußerliche* Menschenrechte" i.S. des Art. 1 II GG, konkretisiert in dem „Recht auf Leben", der „Freiheit der Person" (Art. 2 II GG), der „Gleichheit vor dem Gesetz", insbesondere im Hinblick auf die „Abstammung und Herkunft" der verfolgten „Klassen" (Art. 3 I und III GG), sowie ihres Eigentums (Art. 14 GG), innerstaatlich gesehen geheilt, wenn auch unter Verletzung *des für die Bundesrepublik geltenden Völker- und Verfassungsrechts*[53].

Um es mit aller Deutlichkeit zu sagen[54]:

Den verfassungsrechtlich erheblichen Eingriff in die Menschenrechte der Konfiskationsopfer vollzieht das *bundesdeutsche Zustimmungsgesetz zum Einigungsvertrag* vom 23. September 1990,[55] weil es den Raub für rechtmäßig erklärt[56] und es der Bundesrepublik ermög-

---

[50] Von der Beck, a. a. O., Seite 200: „Für die bundesdeutsche Rechtsordnung war damit die Nichtanerkennung der Konfiskationsakte in der SBZ geboten und die ursprünglichen Eigentumstitel als weiterhin existent zu behandeln."

[51] Anlage II, Kapitel II, Sachgebiet A, Abschnitt III, Buchstabe d) des Einigungsvertrages, BGBl. 1990 II, Seite 1150: „Diese", d. h. die Treuhandanstalt, „führt das Vermögen an die früher Berechtigten oder deren Rechtsnachfolger zurück." Dazu auch v. der Beck, a. a. O., Seite 305 - 307.

[52] Artikel 4, Nr. 5 i. V. mit Art. 41 I des Einigungsvertrages (BGBl. II, Seite 889/91 und 903), dieser wiederum i. V. mit Nr. 1 der Gemeinsamen Erklärung der Regierungen der Bundesrepublik Deutschland und der Deutschen Demokratischen Republik zur Regelung offener Vermögensfragen vom 15. 6. 1990 (BGBl. 1990 II, Seite 1237). Fundstelle des Zustimmungsgesetzes: BGBl. II, Seite 885.

[53] Zutreffend in dieser schonungslosen Deutung v. der Beck, a. a. O., Seite 263.

[54] Aufschlußreich in diesem Zusammenhang die Erklärung von 68 Abgeordneten der CDU/CSU bei der Beratung über den Einigungsvertrag: „Die von 1945 bis 1949 in der damaligen SBZ durchgeführte Bodenreform hatte keine Rechtsgrundlage. Vielmehr handelte es sich um politisch motivierte Willkürakte ... Eine wie auch immer geartete Anerkennung der mit brutaler Gewalt erzwungenen Bodenreform lehnen wir aus moralischen, rechtlichen und politischen Gründen ab" (Verhandlungen des Deutschen Bundestages, Stenographische Berichte, 11. Wahlperiode, Band 154, 226. Sitzung vom 20. 9. 1990, Seite 17801/17948).

[55] „Artikel 1 – Zustimmung zum Vertrag. Dem in Berlin am 31. August 1990 unterzeichneten Vertrag zwischen der Bundesrepublik Deutschland und der Deutschen Demokratischen Republik über die Herstellung der Einheit Deutschlands einschließlich des Protokolls und der Anlagen I bis III sowie der in Bonn und Berlin am 18. September 1990 unterzeichneten Vereinbarung wird zugestimmt. Der Vertrag und die vorgenannten weiteren Urkunden sowie die dazu gehörige Vereinbarung werden nachstehend veröffentlicht."

licht, sich die Früchte des Unrechts, soweit es „Volkseigentum" geworden war, anzueignen. Die Bundesrepublik hat sich durch diese beiden Akte zum Komplizen des Unrechts gemacht[57].

cc) Da diese konkretisierten Menschenrechte auch das Bundesverfassungsgericht als „unmittelbar geltendes Recht" banden (Art. 1 III GG), kam seinen Entscheidungen, *innerstaatlich gesehen, zwar Rechts- und Gesetzeskraft zu, aber sie waren nach den Maßstäben des nicht berücksichtigten Völker-und Verfassungsrechts fehlerhaft*[58].

Bedenken richten sich auch gegen die mangelnde Aufklärung des entscheidungserheblichen Sachverhalts. In einer der anhängigen Verfassungsbeschwerden hatten die Parteien nach dem Tatbestand des Urteils vom Jahre 1991 vorgetragen[59]: „Der Ausschluß der Rückübertragung des Eigentums könne auch nicht als Voraussetzung für das Zustandekommen des Einigungsvertrages gerechtfertigt werden. *Es sei bisher weder nachvollziehbar behauptet noch gar belegt worden, daß die Verhandlungspartner auf seiten der Deutschen Demokratischen Republik und der Sowjetunion insoweit unnachgiebig gewesen seien.*" Dessenungeachtet folgte das Gericht dem Vortrag des damaligen Bundesjustizministers, seines Staatssekretärs und des letzten Ministerpräsidenten der Deutschen Demokratischen Republik über die „Vorbedingungen" der völkerrechtlichen Vereinbarungen, ohne von seinem pflichtmäßigen Er-

---

56 Art. 143 III GG i. d. Fassung vom 31. 8. 1990: „Unabhängig von Absatz 1 und 2 haben Artikel 41 des Einigungsvertrages und Regelungen zu seiner Durchführung *auch insoweit Bestand,* als sie vorsehen, daß Eingriffe in das Eigentum auf dem in Artikel 3 dieses Vertrages genannten Gebiet nicht mehr rückgängig gemacht werden" (Hervorhebung durch Verfasser).

57 Der Begriff der „Enteignung" im Sinne des Vermögensgesetzes umfaßt sowohl die rechtswirksame als auch die unwirksame, nur „faktische", Entziehung der Herrschaft über private Rechte (BVerwGE 98, 137/141, Zeitschrift für Offene Vermögensfragen 1997, Seite 194/96). Mit dieser weiten Auslegung trägt das Bundesverwaltungsgericht der Fragwürdigkeit des Zugriffs durch die sowjetischen bzw. ostzonalen Organe Rechnung. Unter dieser Prämisse läßt sich der Schluß nicht vermeiden, daß das *bundesdeutsche Zustimmungsgesetz* den enteignenden Tatbestand darstellt.

58 Leisner, Verfassungswidriges Verfassungsrecht, a. a. O., Seite 432/439: „Das BVerfG ist mit keinem Wort darauf eingegangen, daß hier nicht herkömmlich *„Enteignung"*, sondern *„Verfolgungs-Konfiskation"* vorlag, also gerade in der Enteignung einer Klasse ein Verstoß gegen die Menschenwürde liegen konnte. Sicher gibt es kein allgemeines Kriterium dafür, wann die Menschenwürde verletzt ist, entscheidend ist der Einzelfall. Daß dies aber gar nicht näher geprüft wurde, spricht für ein Verfassungsverständnis, nach dem Eigentumseingriffen kaum je der Schutz höchster Verfassungsgrundsätze entgegenstehen dürfte. Dann aber wäre die bedenkliche Folge, daß der Verfassungsgesetzgeber praktisch kaum je Schranken an den wirtschaftlichen Grundrechten findet. Läuft dies nicht am Ende auf die gefährliche Formel hinaus, daß nur ein Teil der Grundrechte, vielleicht sogar die praktisch bei weitem weniger bedeutsamen, in ihrem Menschenwürdekern unbedingt gesichert sind?

Das Gericht hat die – odiose – Formel nicht mehr gebraucht, es sei praktisch unmöglich, daß der freiheitlich-demokratische Verfassunggeber höchste Verfassungsgrundsätze verletze. Hat es hier nicht, in einem Fall, wo eine solche Verletzung hätte „praktisch" werden können, doch wieder so entschieden, daß „verfassungswidriges Verfassungsrecht"- Theorie bleibt?"

59 BVerfG E 84, 106.

## 2. Beispielhafte Erläuterung des dargestellten Ansatzes

messen zur weiteren Aufklärung des Sachverhalts (§ 26 BVerGerG)[60] Gebrauch zu machen[61].

Die Aufklärung in einem gerichtsförmigen Verfahren war umso nötiger, als sich bis zum heutigen Tag aus dem Stimmengewirr auf der politischen Bühne nicht die *vertragserheblichen* Umstände herausschälen lassen[62].

Man wende nicht ein, daß das Beharren auf „Menschen- und Grundrechten" den Einigungsvertrag zwischen der DDR und der Bundesrepublik hätte scheitern lassen, daß also das Eintreten für die Opfer der Enteignungen „politisch nicht machbar gewesen sei", wie es im heutigen Jargon heißt. Die hier aufgezeigten Bedenken richten sich dagegen, daß das Verfassungsgericht nicht zwischen dem entzogenen Gut in der Hand des Staates und dem Anfall an private Erwerber unterschieden hat[63]. Sie zielen mithin auf die nicht bedachten Folgen des Urteils: auf die *finanziellen Vorteile*, die sich die *öffentliche Hand* dadurch verschaffte, daß sie ihr zugefallenes Vermögen zu Geld machen konnte, anstatt es den Beraubten zurückzugeben. *Sie richten sich nicht gegen die in der Tat diffizile Rückerstattung, geltend gemacht gegen die mehr oder weniger redlichen privaten Erwerber des entwendeten Besitzes.*

Ein besonderer Akzent ist auf die Einsicht zu legen, daß wenigstens *das Bundesverfassungsgericht* von politischen Rücksichten frei war und das Zustimmungsgesetz zum Einigungsvertrag *in einem einzigen Punkt hätte korrigieren können – mit der Folge der Aufrechterhaltung der wesentlichen anderen Teile: § 139 BGB analog angewendet in der zweiten Alternative*[64].

---

[60] „Das Bundesverfassungsgericht erhebt den zur Erforschung der Wahrheit erforderlichern Beweis. Es kann damit außerhalb der mündlichen Verhandlung ein Mitglied des Gerichts beauftragen oder mit Begrenzung auf bestimmte Tatsachen und Personen ein anderes Gericht darum ersuchen."

[61] Der Beschluß vom Jahre 1996 übergeht die Rüge mangelnder Aufklärung mit dem Satz: „Denn der Sachvortrag der Beschwerdeführer enthält kein schlüssiges Vorbringen, das den Aussagegehalt dieser Erklärungen erschüttern und zu der Annahme führen könnte, die Einschätzung der Verhandlungsposition durch die Bundesregierung sei pflichtwidrig gewesen." (BVerfGE 94, 12/35 f).

[62] In einem am 1. März 1998 in Berlin gehaltenen Vortrag führt der Präsident der früheren Sowjet-Union aus: „Es sei absurd zu glauben, daß er die Zustimmung zur deutschen Einheit an die Bedingung geknüpft haben könnte, das zwischen 1945 und 1949 in der sowjetischen Besatzungszone enteignete Land dürfe nicht wieder zurückgegeben werden" („Frankfurter Allgemeine Zeitung" vom 3. März 1998). Auf der Stelle widerspricht dem die Bundesregierung: „Kanzleramtsminister Bohl ließ am Montag in Bonn eine Erklärung verbreiten, wonach die jüngsten Äußerungen des ehemaligen sowjetischen Partei- und Staatschefs Michail Gorbatschow für die Bundesregierung unverständlich und nicht nachvollziehbar sind" („Frankfurter Allgemeine Zeitung" vom 3. März 1998).

[63] Die fehlende Differenzierung rügt auch Maurer, JZ 1992, Seite 183/188.

Da eine Korrektur dieser Entscheidungen durch das Verfassungsgericht in nächster Zeit kaum erwartet werden kann, bietet sich die privatautonome Bereinigung der begangenen Fehler, eben der Gebrauch von den Möglichkeiten der Rechtsordnung *außerhalb der Gerichte,* an. Eine solche Korrektur dürfte zwar ohne politischen Druck nicht in Gang kommen, sie entlastet aber die heutige Eigentümerin der konfiszierten Werte von dem Vorwurf, sich als Hehlerin geraubtes Gut angeeignet und damit den Rechtsstaat diskreditiert zu haben[65].

### c) Die Gefahr opportunistischer Lösung kultureller und ethnischer Konflikte

Dem Vertrauen in die Justiz könnte weiterhin die Gefahr opportunistischer, d. h. „politischer", Gerichtsentscheidungen in kulturellen und ethnischen Konflikten schaden. Der Mangel an Charakter und Wahrhaftigkeit der Richter könnte überlegte Parteien dazu veranlassen, die staatliche Justiz zu meiden, weil sie befürchten, ihre Sache werde nicht nach „Recht und Gesetz" (Art. 20 III GG), sondern *mit Ansehen der Person* (gegen Art. 3 III GG) entschieden.

Ein Bochumer Amtsrichter hat sich öffentlich für sein rechtskräftiges Urteil entschuldigen lassen, in dessen Begründung er einen „Zigeuner" als „offensichtlich nicht durchschnittlich geeigneten Wohnungsmieter" bezeichnet hatte; diese Bevölkerungsgruppe, so argumentierte er, sei „überwiegend nicht seßhaft"[66]. Der Rechtsstreit hatte die Eignung als sog. Ersatzmieter einer Wohnung zum Gegenstand: Die weichenden Mieter hatten den Eintritt des „Zigeuners" in ihren Vertrag erbeten. Wegen der ablehnenden Haltung der Vermieter kam es zum Rechtsstreit über diese im Kern kaum justiziable Frage; das Urteil gab den Vermietern Recht und den weichenden Mietern Unrecht[67].

Die Entscheidung entfachte eine politische Kampagne: Der Vorsitzende des Deutschen Richterbundes kritisierte Wortwahl und Tenor des Spruchs seines Kollegen. Eine Pressekonferenz vereinigte den nordrhein-westfälischen Justizminister, den Vorsitzenden des Zentralrates der Deutschen „Sinti und Roma" und den Vorsitzenden des Richterbundes, der eine Ent-

---

[64] „... wenn nicht anzunehmen ist, daß es auch ohne den nichtigen Teil vorgenommen sein würde."

[65] Das Nähere sei unten Seite 82 ff. sub III. 5. a) - b) ausgeführt.

[66] Sachverhaltsdarstellung nach einer Meldung der „Frankfurter Allgemeinen Zeitung" vom 21. 2. 1997.

[67] Die auf die Qualität als „zumutbare Ersatz- oder Nachmieter" bezogenen Ausführungen des Urteils lauten: „Insoweit waren die Kläger berechtigt, weitere Bemühungen um einen Nachmieter abzulehnen, da die Beklagten nach den Bekundungen des gleichen Zeugen einen Zigeuner als Nachmieter anboten. Diese Bevölkerungsgruppe ist traditionsgemäß überwiegend nicht seßhaft und gehört aus Vermietersicht daher so offensichtlich nicht zu den durchschnittlich geeigneten Mietern mit zutreffender Zukunftsprognose, daß die Erwartungen fruchtbarer Vermittlungszusammenarbeit aus der Sicht der Kläger zurecht gestört und nicht mehr fortzusetzen waren."

## 2. Beispielhafte Erläuterung des dargestellten Ansatzes 25

schuldigung seines Kollegen überbrachte[68]. Der Zentralrat der „Sinti und Roma" legte Beschwerde bei der Europäischen Kommission für Menschenrechte ein[69]. Der Justizminister sah zwar keine Möglichkeit, die Rechtskraft des Urteils zu beseitigen oder den Amtsrichter zu disziplinieren; dessenungeachtet prüfte die Staatsanwaltschaft Essen, ob das Urteil „Strafrechtstatbestände erfüllt".

Der Richter hatte einen groben Fehler in der Handhabung der Zivilprozeßordnung begangen: Anstatt sich in Erfahrungssätze über die Seßhaftigkeit von „Zigeunern" zu flüchten, hätte er versuchen müssen, die Streitfrage durch eine Beweisaufnahme über die „Zumutbarkeit" des sog. Ersatzmieters für den Vermieter zu klären, d. h. sein Urteil auf die Eigenschaften *einer ihm benannten Person* und nicht auf Gruppenmerkmale zu gründen, welche die Vermieter behauptet hatten. Hätte die Beweisaufnahme kein greifbares Ergebnis erbracht, war nach der Beweislast gegen die Mieter als die den Anspruch auf Eintritt des Ersatzmieters vertretenden Partei zu entscheiden.

Ähnliche Fehler einer abstrakten, statt einer auf die Person bezogenen, konkreten Rechtsfindung könnten den Gerichten auch in den folgenden Fällen unterlaufen: Die muslimische Kassiererin in einem Berliner Warenhaus trägt ein Kopftuch, über das sich die Kunden bei der Geschäftsleitung „mokieren"[70]; ein Berliner Schornsteinfeger weigert sich, in der Wohnung eines Türken die Schuhe auszuziehen, um nicht, wie es der Wohnungsinhaber darstellt, dessen Gebetsteppich zu entweihen und es daraufhin zu einem verwaltungsgerichtlichen Prozeß kommt (!)[71] – wer garantiert in solchen Fällen, daß ein Gericht *nicht* den Weg des geringsten Widerstandes wählt und einer Beweisaufnahme ausweicht?

Auch bei diesen Sachverhalten liegt das Ausweichen in eine doppelte, die offizielle und die private, Rechtsordnung nahe: Der gewitzte Kontrahent, am besten unterstützt durch einen rechtsberatenden Verband, vermeidet das Gericht und treibt seine eigene, „vorbeugende Rechtspflege": Er verschanzt sich hinter Klauseln, Erfahrungen und „grundsätzlichen" Erwägungen, um es zu solchen und ähnlichen Konflikten gar nicht erst kommen zu lassen.

---

[68] So der Bericht eines Sprechers des Zentralrats der „Sinti und Roma", Arnold Roßberg, in einem von der „Frankfurter Allgemeinen Zeitung" unter dem 17. 3. 1997 abgedruckten Leserbrief.
[69] „Frankfurter Allgemeine Zeitung" vom 21. 2. 1997.
[70] Nach einem Bericht der „Berliner Morgenpost" vom 25. 1. 1997.
[71] „Berliner Morgenpost" vom 11. 3. 1997.

## II. Die römische „actio" und das englische „writ":
## Erscheinungsformen der Einheit oder Vielheit
## von Privat- und Prozeßrecht?

Wendet sich das *Rechts*gebot[72], bezahle, was du gekauft, gemietet oder auf anderer Grundlage gegen Entgelt empfangen hast, erstatte, was du als Darlehen empfingst, nur an den Richter, dergestalt, daß er den säumigen Vertragspartner zu verurteilen hat, wenn dieser nicht leistet, was er versprach, oder in erster Linie an den Käufer, Mieter, Darlehensnehmer oder jedweden anderen Kontrahenten, mit der Aufforderung, zahle, was du schuldig bist, und nur notfalls an den Richter? Die Frage führt auf den Begriff, den Sinn und die Geschichte des sog. aktionenrechtlichen Denkens und weiterführend auf das Verhältnis des sachlichen Rechts zum formellen oder Prozeßrecht.

### 1. Begriff und beispielhafte Erläuterung
### des aktionenrechtlichen Denkens

#### a) Der Begriff der „actio"

Der Begriff der „actio", vom lateinischen verbum „agere" (handeln, betreiben), hat seinen Ausgangs- und Mittelpunkt im sog. Formularprozeß des römischen Rechts, das ist in einem bürgerlichen Rechtsstreit, dessen rechtliches und tatsächliches Streitprogramm sich in einer äußerst knapp gefaßten Formel niederschlagen[73]. Die Notwendigkeit einer solchen Formel erklärt sich aus der bis zum Ende des dritten nachchristlichen Jahrhunderts[74] geübten Zweiteilung des Verfahrens zwischen dem beamteten Gerichtsherrn, dem Prätor[75], und den ihm faktisch und

---

[72] Also nicht nur die Ethik zwischenmenschlicher Beziehungen, die gebietet, Wort zu halten und zu vergüten, was man empfing.

[73] Den Begriff des Formularverfahrens erläutern M. A. v. Bethmann-Hollweg, Der römische Civilprozeß, a. a. O., §§ 55 und 82; Kaser/Hackl, Das römische Zivilprozeßrecht, a. a. O., §§ 22 und 44.

[74] Das Nähere unten Seite 42, sub e) aa). Die Herkunft des Formularverfahrens bezeichnen Kaser/Hackl, a. a. O., § 22 II 1, als „dunkel und umstritten".

[75] Hier ist vor dem Irrtum zu warnen, als habe es in Rom nur einen einzigen Prätor gegeben. Die Stadt hatte am Ende der Republik und zu Beginn der Kaiserzeit eine Bevölkerung

## 1. Begriff und beispielhafte Erläuterung des aktionenrechtlichen Denkens 27

rechtlich nachgeordneten Laienrichtern, den iudices, auf deren Person sich die Parteien – wohlgemerkt *nach* Prüfung der Prozeßvoraussetzungen durch den Prätor und Gewährung einer „actio" für den Kläger[76] – einigen müssen[77]. Mittels der Entscheidungsformel erteilt der Prätor dem iudex das Prozeßprogramm, das ist eine gedrängte Zusammenfassung der zwischen den Parteien strittigen und durch Urteil zu entscheidenden Fragen. Das Formularverfahren beginnt vor dem Prätor, der die Prozeßvoraussetzungen[78], weiter die heute sog. Schlüssigkeit des Begehrens des Klägers sowie die Einwendungen des Beklagten, die sog. exceptiones, prüft, und der sich anschließenden, tatsächlichen Untersuchung der *sachlichen* Streitpunkte durch den Tatrichter oder „iudex", die der Prätor in der sog. „formula" bezeichnet[79].

Die „actio" als Inbegriff des vom Kläger begehrten und vom Prätor nach ihrer abstrakten Rechtfertigung anerkannten Klagerechts und sachlichen Rechts setzt sich aus mehreren Schritten zusammen[80]. Der sie tragende erste Schritt bezeichnet das Vorgehen des Klägers, mit dem dieser sein verletztes oder nicht erfülltes sach-

---

zwischen 664.000 und 750.000 *freien* Einwohnern, die Sklavenbevölkerung also nicht mitgerechnet (De Martino, Wirtschaftsgeschichte des alten Rom, 2. Auflage, 1991, XVI, Seite 200/07 mit Nachweisen aus der einschlägigen Literatur).
Die Institution der Prätur zählte anfangs sechs, später bis zu sechzehn allein für den Stadtbereich zuständigen Magistrate („praetores urbani"): v. Bethmann-Hollweg, a. a. O., § 56.

[76] Auf diese Selbstverständlichkeit macht Selb, Zu den Anfängen des Formularverfahrens, Festschrift für Flume (1978), Band I, Seite 198/202 ff., aufmerksam: Es wäre doch unökonomisch, einen Richter für ein Begehren einzusetzen, welches das erste Stadium der Verhandlung vor dem Prätor („in iure") gar nicht passieren konnte.

[77] Durch die Wahl aus Richterlisten, in die Standespersonen, d. h. Senatoren oder Ritter, aufgenommen wurden. Konnten sich die Parteien nicht verständigen, gingen die Parteien die Richterliste von oben bis unten durch; die letzte Wahl hatte der Beklagte, die der Prätor in diesem Fall durch einen Urteilsbefehl in Kraft setzte (Kaser/Hackl, a.a. O., § 26 I 4.)
Der Laienrichter galt als Vertrauensperson der Parteien, die sich nach altrömischer Sitte in der endgültigen Entscheidung nur einem Privatmann, nicht aber dem staatlichen Richter zu unterwerfen brauchten (Cicero in der oratio pro Cluentio, unten FN. 107; v. Bethmann-Hollweg, a. a. O., § 101).

[78] Insbesondere seine rechtsprechende Gewalt, die sog. Jurisdiktion, die bei Klagen aus der Sachmängelhaftung für Vieh und Sklaven (!) den sog. kurulischen Ädilen zugewiesen war. Auch war zwischen der Gerichtsgewalt der prätores urbani für Streitigkeiten unter römischen Bürgern und der prätores peregrini für Ansprüche gegen einen Beklagten ohne das Bürgerrecht zu unterscheiden. Zum Ganzen Kaser/Hackl, Römisches Zivilprozeßrecht, § 24 II 2 und § 33 III 1 und III 3.

[79] Zum Begriff der „formula": Kaser/Hackl, a. a. O., § 44. Die formula beschreibt v. Bethmann-Hollweg, a. a. O., § 82, bildhaft-treffend als das „kleine Schriftstück, in dem in wenigen Zeilen die eigentümliche Gerichtsverfassung, der Civilprozeß und das Civilrecht als in einem Centralpunkt zusammenlaufen."

[80] Zum Begriff der „actio" v. Bethmann-Hollweg, a.a.O., § 85; Kaser/Hackl, a. a. O., § 32 II 2, und Kaser, Römisches Privatrecht, 2. Auflage (1971), § 55 I, 1 - 2.

liches Recht vor Gericht geltend macht, die „editio et postulatio actionis", unterteilt in die beiden Akte, mit denen der Kläger zunächst den Beklagten von der begehrten actio in Kenntnis setzt und anschließend deren Gewährung vom Gerichtsherrn beantragt. Der zweite Schritt besteht in dem vom Prätor anerkannten, alsdann in einer Formel präzisierten Klagerecht und sachlichen Recht, der gewährten „actio". Die „formula", also die Satzung, nach der das Tatsachengericht den ihm delegierten Rechtsstreit zu entscheiden hat, wird vom Prätor dem Kläger in einem Protokoll ausgehändigt[81], damit dieser die Fortsetzung des Verfahrens bei dem „iudex" zu beantragen vermag. Die dem Kläger gewährte „actio" und die den Rechtsstreit zusammenfassende „formula" sind der Sache nach deckungsgleiche Begriffe[82].

Steht dem Anspruch des Klägers der Mangel einer Prozeßvoraussetzung entgegen, erscheint er unschlüssig, weil eine ihn tragende „actio" fehlt oder er infolge einer Einwendung des Beklagten unbegründet ist, so wird die actio verweigert („denegatio actionis").

### b) Der Begriff des aktionenrechtlichen Denkens

Das aktionenrechtliche Denken identifiziert privatrechtliche Beziehungen mit den sie darstellenden Klagemustern und Entscheidungsanweisungen[83]. Es betrachtet folgerichtig das private subjektive Recht auf eine Leistung nur unter dem Gesichtspunkt seiner Durchsetzung im Rechtsweg[84]. Den Unterschied zum heutigen Recht bringt diese Anschauung auf die Formel: *Nicht, wer ein Recht hat, der hat auch eine Klage, sondern: Nur wem das Gericht, in Rom also der Prätor, die Klage gewährt, der hat ein anerkanntes, weil durchsetzbares Recht, mit der Folge, daß sich das damalige römische Recht als ein System von Klagen darstellt*[85]. Die dem

---

[81] Zur Frage der schriftlichen oder mündlichen Fixierung des Streitprogramms Kaser / Hackl, a. a. O., § 44 II. Zur Beschäftigung von Gerichtsschreibern v. Bethmann-Hollweg, a. a. O., § 77.

[82] So treffend Bethmann-Hollweg, a. a. O., § 85.

[83] Wieacker, Privatrechtsgeschichte der Neuzeit, a. a. O., Seite 187, FN. 48; A. Kollmann, Begriffs- und Problemgeschichte des Verhältnisses von formellem und materiellem Recht, Seite 54 f. Bucher, AcP 186 (1986), Seite 5: Die Phase der Konkretisierung eines Rechts, in der es das Stadium bloßer Behauptung überwindet. H. Kaufmann, JZ 1964, Seite 482/83: Die Rechtsordnung erschien den römischen Rechtspraktikern „weitgehend" als Summe der einzelnen individuellen Aktionen.

[84] Dahin geht auch die gängige Definition der Digesten (D 47, 7, 51): „Nihil aliud est actio quam ius quod sibi debeatur, iudicio persequendi." „Die actio ist nichts anderes als das Recht, die geschuldete Leistung durch ein gerichtliches Verfahren zu erzwingen."

[85] Daß dieser Standpunkt, weil einseitig auf den Prozeß und nicht auf das außergerichtlich praktizierte Recht bezogen, falsch ist, werde ich unten, Seite 35 ff., sub d) dartun.

### 1. Begriff und beispielhafte Erläuterung des aktionenrechtlichen Denkens 29

Kläger gewährte actio faßt das sachliche Recht auf eine Leistung und das zur Entscheidung führende Prozeßverfahren in Klage- und Urteilsformeln zusammen. Diese Formeln, als „actiones" mit einem sie qualifizierenden Kürzel, beispielsweise der „actio mandati directa"[86], bezeichnet nach dem zugrunde liegenden Sachverhalt und dem sich daraus ergebenden materiellrechtlichen Streitpunkt[87], werden aus Tabellen[88] abgelesen oder, wo noch nicht vorhanden, das vorgetragene Begehren auf eine Klage aber gerechtfertigt erscheint, neu konzipiert. Sind, wie bereits erwähnt, die Prozeßvoraussetzungen, beispielsweise die Zuständigkeit des Gerichts, erfüllt, sind Prozeßhindernisse („Einwand der Rechtskraft – exceptio rei iuducatae") nicht ersichtlich und läßt sich vor allem das Begehren des Klägers, die erwähnte „postulatio actionis", unter eine bestehende bzw. jetzt konzipierte Formel subsumieren, so gewährt der Prätor die actio, verneinendenfalls verweigert er sie.

#### c) Beispielhafte Darstellung verschiedener Aktionen

aa) Bleibt ein Käufer, um in der Reihenfolge der obigen Aufzählung zu beginnen, den zugesagten Kaufpreis schuldig, so lautet die dem Verkäufer vom Prätor gewährte Klage auf den Kaufpreis, in der Formulierung des römischen Rechts die „actio venditi"[89]:

> „Quod Aulus Agerius Numerio Negidio hominem quo de agitur vendidit, qua de re agitur, quidquid ob eam rem Numerium Negidium Aulo Agerio dare facere oportet ex bona fide, eius iudex Numerius Negidius Aulo Agerio condemnato, si non paret, absolvito."

> „Im Hinblick darauf, daß der Kläger Aulus Agerius nach seiner Behauptung[90] dem Beklagten Numerius Negidius[91] den hier streitigen Sklaven verkauft haben will, soll der

---

[86] *Klage* des Auftraggebers gegen den Beauftragten", in heutiger Sichtweise § 667 BGB: „Der Beauftragte ist *verpflichtet*, dem Auftraggeber alles, was er zur Ausführung des Auftrags erhält und was er aus der Geschäftsbesorgung erlangt, herauszugeben."

[87] Ich zitiere als weitere Beispiele aus dem Sachregister des Römischen Privatrechts von Kaser, a. a. O.: „actio ad exhibendum" („Klage auf Vorführung oder Vorlegung einer beweglichen Sache vor den Prätor"), „actio ad supplendam legitimam" („Klage auf Ergänzung des Pflichtteils"), „actio aestimatoria" („Klage auf einen vom Gericht als angemessen festgesetzten Geldbetrag"), „actio aquae pluviae arcendae" („Klage auf Beseitigung des Schadens, der durch Eindringen des Regenwassers von einem Nachbargrundstück angerichtet worden ist").

[88] Sprechend das von Lenel rekonstruierte sog. Edictum Perpetuum, eine auf Veranlassung des Kaisers Hadrian im Jahre 129 n. Chr. verfaßte Kodifikation der von den Prätoren anerkannten Klageformeln, a. a. O.
Der Vergleich mit den Mustern von Klagen in den heutigen Prozeßformularbüchern drängt sich auf.

[89] Wörtlich die „Klage aus dem Verkauf einer Sache". Zugrundegelegt ist das Muster bei Lenel, a. a. O., § 110, Seite 299.

[90] Die Gegenüberstellung „Quod vendidit" und „quidquid ob eam rem Nm.Nm. Ao.Ao. dare facere oportet" einerseits sowie „si non paret absolvito" ist nicht unlogisch, weil sie auf

Richter, wenn sich dieser Vortrag als wahr erweist, den Beklagten zu der nach Treu und Glauben geschuldeten Leistung[92] an den Kläger verurteilen, falls er sich dagegen nicht beweisen läßt, soll er die Klage abweisen."

bb) Da das Edikt des Prätors für den Anspruch des Vermieters gegen den Mieter auf Zahlung des Mietzinses, die „actio locati"[93], eine der Kaufpreisklage fast inhaltsgleiche Formel vorsieht[94], sei, um Wiederholungen zu vermeiden, nur noch die Klage auf Rückzahlung eines Darlehens, die „actio certae creditae pecuniae" („Der Anspruch auf Rückzahlung einer bestimmten, kreditierten Geldsumme"), dargestellt.

Die Formel lautet: „Titius iudex esto. Si paret Numerium Negidium Aulo Agerio sestertium[95] decem milia dare oportere, iudex Numerium Negidium Aulo Agerio sestertium decem milia condemna, si non paret absolve"[96].

„Titius soll Richter sein. Wenn erwiesen ist, daß der Beklagte Numerius Negidius dem Kläger Aulus Agerius zehntausend Sesterzen zu zahlen hat, dann verurteile ihn zu dieser Leistung. Ist dies aber nicht erwiesen, sprich ihn frei."

---

den ersten Blick einen Widerspruch zwischen den (angeblich sicheren) Feststellungen der Formel: „vendidit" sowie „dare facere oportet" und der Beweislastentscheidung „si non paret, absolvito" andeutet. Denn der Einschub „qua de re agitur" gibt hinreichend darüber Aufschluß darüber, daß der Vertrag und dessen Erfüllung streitig sind.

[91] „Aulus Agerius"ist der in den Institutionen des Gaius, IV. Kommentar, § 34 fingierte Name des Klägers, „Numerius Negidius" der des den Klageanspruch leugnenden Beklagten. Wenger, Institutionen des römischen Zivilprozeßrechts, a.a.O, Seite 127, FN. 7, macht auf den Hintersinn der fingierten Namen aufmerksam: „Aulus Agerius" = „Der reiche Kläger", „Numerius Negidius" = „Der Zahler und Leugner", besser: „Der leugnende Zahler".

[92] Der Kauf („emptio – venditio") als Grundgeschäft des Handelsverkehrs gehört zu den Rechtsverhältnissen, deren Verbindlichkeit sich auf das formlose Worthalten, d. h. allein die fides gründet (Kaser, Römisches Privatrecht, § 114, IV 1 - 2.). Der Beklagte N.N. wird daher nach „Treu und Glauben" in Pflicht genommen („N.N. dare facere oportet ex bona fide"). Der Verweis auf die „bona fides" bringt auch die Elastizität des Rechtsverhältnisses zum Ausdruck: Für welche Mängel hat der Verkäufer einzustehen? Welche Nebenpflichten, beispielsweise der Verzinsung des Kaufpreises, schuldet der Käufer?

[93] „Locator" heißt der Vertragspartner, der etwas hinstellt oder einräumt, also der Vermieter, „conductor", derjenige, der das vermietete Objekt mit sich führt, d. h. in seine faktische Verfügungsgewalt nimmt, mithin der Mieter.

[94] Ich verweise auf Lenel, a. a. O., § 111, Seite 299.

[95] Die Sesterze war eine Silber-, seit Kaiser Nero eine Messingmünze. Je nach dem verwandten Metall schwankte ihr Gewicht zwischen 1,12 bis 0,85g und ihr umgerechneter Wert zwischen 21,75 und 17,55 Pfennig (s. den Artikel „Sesterz" in Pauly / Wissowa, Realencyclopädie der klassischen Altertumswissenschaft, 2. Reihe, vierter Halbband, 1923). 10.000 Sesterzen sind nach diesem Umrechnungskurs zwischen 2.175 und 1.755 Mark.

[96] Die direkte Formulierung des Entscheidungsbefehls bei der „actio certae creditae pecuniae": „condemna – absolve" gegenüber „condemnato – absolvito" bei der „actio venditi" erklärt sich hier aus der Anweisung gegenüber dem persönlich benannten Richter „Titius", ein Auftrag, der bei der „actio venditi" fehlt („eius iudex condemnato").

cc) Die dargestellten Spruchformeln nehmen zwar, wie die Theorie des aktionenrechtlichen Denkens zutreffend annimmt, das sachliche und das formelle Recht *in einem ersten Schritt* in sich auf. Aber eine Vermengung der beiden Gebiete ist aus ihrer *äußerlichen und konzentrierten* Zusammenfassung in einer Spruchformel nicht abzuleiten. Sie stellen vielmehr gedankliche Etappen dar, die auch der heutige Zivilrichter, geht er methodisch vor, unter den Bezeichnungen der „Schlüssigkeits- und Erheblichkeitsprüfung sowie der Beweisstation", in der über die „Begründetheit" eines Parteivortrags entschieden wird, vornimmt.

Die eindringende Betrachtung offenbart daher selbst in den Spruchformeln das Bestehen zweier getrennter Rechtsordnungen, von denen sich der *prozessuale* Teil an den iudex wendet („condemnato, si non paret, absolvito"), der *materiellrechtliche* andererseits die behauptete Verpflichtung des Beklagten ausspricht („quidquid ob eam rem Numerium Negidium dare facere oportet ex bona fide"). Lassen wir für diese These die Beispiele der Kaufpreis- und der Darlehensklage sprechen:

(1) Die „actio venditi" als Prozeßformel für den Anspruch des Verkäufers auf Zahlung des Kaufpreises wird mit der Bezeichnung des *tatsächlichen Teils* des Streitgegenstandes, um in den Begriffen des heutigen Zivilprozeßrecht zu sprechen, eingeleitet[97]:

„Quod Aulus Agerius Numerio Negidio hominem quo de agitur vendidit, qua de re agitur."

„Im Hinblick darauf, daß der Kläger Aulus Agerius nach seiner Behauptung dem Beklagten den hier streitigen Sklaven verkauft haben will."

Die einleitende Formel gehört damals wie heute in den *prozessualen* Abschnitt des Rechtsstreits: die Angabe des „Grundes des erhobenen Anspruchs" (§ 253 II, Nr. 2 ZPO).

Den *rechtlichen* Teil des Streitgegenstandes bringt die sog. „intentio" der Formel durch Hervorhebung des Klagegrundes und des klägerischen Antrags zum Ausdruck[98]:

---

[97] Im römischen Prozeßrecht die sog. „demonstratio", die „tatsächliche Angabe des Streitgegenstandes" (Kaser/Hackl, Römisches Zivilprozeßrecht, § 45 III).

[98] Die „intentio" der Formel, d. h. das Begehren des Klägers, beschreiben Kaser/Hackl, a. a. O., § 45 II.
Im Unterschied zum heutigen Zivilprozeßrecht, das als „Grund des Anspruchs" den sog. „Lebenssachverhalt" genügen läßt, bestimmt sich der in der formula angegebene Klagegrund nach dem materiellen Recht, hier des Kaufvertrages, der die Kontrahenten allein durch ihr gegebenes Wort, die „fides", verpflichtet, dessen Inhalt auch durch die Generalklausel von „Treu und Glauben" festgelegt ist. Trotz der auffallenden Verwandtschaft der beiden Rechtsordnungen ist hier ausnahmsweise eine Abweichung zu entdecken. Sie erklärt sich aus dem System der Aktionen: Streitgegenstand im Formularprozeß ist der vom Kläger in der „editio et postulatio actionis" festgelegte *materiell-rechtliche* Anspruch, nach geltendem Recht da-

„quidquid ob eam rem Numerium Negidium Aulo Agerio dare facere ex bona fide."
„Die auf Grund dieses Sachverhalts nach Treu und Glauben dem Kläger Aulus Agerius seitens des Beklagten Numerius Negidius geschuldete Leistung."

In dem hier wiedergegebenen Bestandteil der Formel versieht der Prätor den Anspruch des Klägers mit dem Prädikat: des Rechtsschutzes fähig und würdig. In der Ausdrucksweise des heutigen Zivilprozeßrechts ist das Begehren des Klägers „schlüssig" vorgetragen.

Aber die Formel enthält in dem Abschnitt der „intentio" noch einen zweiten Schritt: Verknüpft mit dem Befehl des Prätors, den Beklagten entweder zur Leistung zu verurteilen („condemnato") oder die Klage abzuweisen („absolvito")[99], weist sie den (gewählten) Richter an, den erhobenen Anspruch nach *sachlichem* Recht auf seine heute sog. „Begründetheit" zu prüfen. Die Generalklausel, die dem Richter diese Würdigung auferlegt, geht über die Erhebung der notwendige Beweise hinaus; erlaubt und befiehlt sie doch auch die *eigenverantwortliche* Anwendung des materiellen Rechts, im vorliegenden Fall der Ordnung des Kaufvertrages:

„Quidquid ob eam rem Numerium Negidium dare facere oportet ex bona fide."

Die heute sog. Subsumtion des vom iudex *festgestellten* Sachverhalts bezieht sich beispielsweise auf die folgenden Rechtsfragen:

– Haben die Parteien durch Einigung über den Kaufgegenstand und den dafür zu entrichtenden Preis einen wirksamen Kaufvertrag geschlossen?[100]

– Haben die Parteien, beispielsweise über eine dem Käufer vorbehaltene Billigung des Gegenstandes, Nebenabreden getroffen?

– Ist der Kaufpreis durch das Angebot des Kaufgegenstandes fällig geworden, so daß ihm nicht die Einrede des nichterfüllten Vertrages entgegensteht?[101]

– Schuldet der Käufer „ex bona fide" Zinsen des Kaufpreises?

---

gegen das aus dem Lebenssachverhalt abgeleitete *prozessuale* Begehren, dessen materiellrechtliche Würdigung nach jeder in Betracht kommenden Richtung in der Hand des Gerichts liegt („iura novit curia").

[99] Sog. „condemnatio", d. h. „Verurteilungs- oder Freisprechungsbefehl", ein Bestandteil, der keine wörtliche Entsprechung in der Zivilprozeßordnung findet, weil dieser die Zweiteilung des Zivilprozesses zwischen dem Gerichtsherrn („prätor") und dem von den Parteien gewählten Einzelrichter („iudex") fremd ist. In einem auf den heutigen Rechtsstreit übertragenen, weiteren Sinn ist die condemnatio in dem Klageantrag nach § 253 II, Nr. 2 ZPO zu entdecken: „Die Klageschrift muß enthalten: Nr. 2: Einen bestimmten Antrag."

[100] Auch nach (klassischem) römischem Schuldrecht, beginnend spätestens im 2. Jahrhundert v.Chr., ist der Kauf ein reiner sog. Konsensualkontrakt, verpflichtend allein kraft des Vertrauens auf das gegebene Wort, der sog. fides: Kaser, Römisches Privatrecht, a. a. O., § 130 II 2.

[101] Dazu Kaser, a. a. O., § 130 VI.

## 1. Begriff und beispielhafte Erläuterung des aktionenrechtlichen Denkens 33

(2) Bei der *Klage auf Rückzahlung eines Darlehens,* der „actio certae creditae pecuniae", ist die dem iudex auferlegte rechtliche Prüfung *etwas* weniger umfangreich: Die intentio der Klageformel befiehlt zwar dem Schuldner, das erhaltene Kapital ohne Wenn und Aber, mithin ohne den Rückgriff auf Treu und Glauben („ex bona fide"), zurückzuzahlen:

„Si paret Numerium Negidium Aulo Agerio sestertium decem milia dare oportere (iudex condemna)."

„Wenn erwiesen ist, daß der Beklagte Numerius Negidius dem Kläger Aulus Agerius zehntausend Sesterzen zu zahlen hat (dann verurteile ihn zu dieser Leistung)."

Immerhin bleiben im Regelfall zwei dem iudex auferlegte *Rechtsfragen* offen:

– Haben sich die Parteien über die Hingabe der vom Beklagten empfangenen Summe *als Darlehen*[102] geeinigt?[103] Oder kommen andere vertragliche Gestaltungen, beispielsweise eine Schenkung, ein Auftrag oder ein Gesellschaftsverhältnis, in Betracht, die eine Pflicht zur Erstattung für immer oder gegenwärtig ausschließen?

– Für den Fall der Annahme eines Darlehensvertrages ist zu prüfen, ob die Darlehenssumme bereits zur Rückzahlung *fällig* ist. Haben sich die Parteien auf eine Frist geeinigt, innerhalb derer das Kapital zu erstatten war?

Die Verzinsung mußte selbständig versprochen werden, wurde also nicht in die „actio certae creditae pecuniae" aufgenommen.[104]

Eine sog. „exceptio", die in der Mitte der formula eingefügte *negative* Voraussetzung des Urteils, die zur Abweisung des Anspruchs führt („es sei denn, daß..."), kann in den gegebenen Beispielen die aufgeworfenen Rechtsfragen nicht auffangen: Die Einigung der Kontrahenten über den Vertragstypus und das Fehlen von Nebenabreden sind Voraussetzungen eines wirksamen Kauf- bzw. des Darlehensvertrages, die aus diesem Grunde nicht in den Katalog der Verurteilungshindernisse, d. h. der negativen Merkmale, gehören[105].

dd) Die Aufschlüsselung der Klageformeln zeigt, daß sich eine Vermengung des sachlichen Rechts mit dem einzuschlagenden Verfahren weder vor dem Prätor

---

[102] Zum Kreditierungswillen Kaser, Römisches Privatrecht, § 124 I, FN 5, mit dem Hinweis auf D. 44, 7, 3, 1: „Non satis autem est dantis esse nummos et fieri accipientis, ut obligatio nascatur, sed etiam hoc animo dari et accipi, ut obligatio constituatur." „Es ist nicht genug, daß z. B.bei einem Darlehen die Geldstücke dem Geber gehören und Eigentum des Empfängers werden, damit eine Verbindlichkeit entsteht, sondern auch, daß sie in der Absicht gegeben und genommen werden, dadurch eine Verbindlichkeit (i.e. des Nehmers) zu begründen."

[103] Die Hingabe von 10.000 Sesterzen ist eine reine Tatfrage ohne besonderen rechtlichen Gehalt.

[104] Kaser, a. a. O., a. a. O., § 124 I, und § 128 II.

[105] Zu den exceptiones: Kaser/Hackl, Römisches Zivilprozeßrecht, § 35 IV 1 - 3; die möglichen Exzeptionen sind in den Sachregistern bei Kaser/Hackl, a. a. O., und bei Lenel, Edictum perpetuum, aufgeführt.

noch vor dem iudex feststellen läßt. Die äußerliche Verbindung der beiden Rechtsordnungen in der Formel erklärt sich, wie bereits angedeutet[106], aus dem Mißtrauen der römischen Bürger gegen den Eingriff des staatlichen Richters in privatrechtliche Beziehungen[107] und der daraus folgenden Zweiteilung des Prozesses. Sie ändert nichts an der prinzipiellen Einsicht, daß jede methodische Rechtsanwendung die „natürliche" Trennung der (sachlichen) Verhaltens- von den (formellen) Verfahrensnormen beachten muß.

Die Analyse offenbart des weiteren, wie wenig sich *in methodischer Hinsicht*[108] das Vorgehen der römischen Richter selbst im sog. Formularverfahren von den Würdigungen unterscheidet, die ihr heutiger Kollege in den drei (gedanklichen) „Stationen" der Schlüssigkeit, der Erheblichkeit und des Beweises anzustellen hat. Die These des aktionenrechtlichen Denkens: Nur wem der Prätor die Klage gewährt, der hat ein gerichtlich durchsetzbares Recht[109], verliert ihre Griffigkeit durch die aus dem geltenden Zivilprozeßrecht gewonnene Gegenthese: Nur wem der Richter die Schlüssigkeit seiner Klage attestiert, der hat – heute allerdings vorbehaltlich der Anrufung einer höheren Instanz – ein gerichtlich durchsetzbares Recht!

Gleichwohl besteht eine nicht unwesentliche Verschiedenheit des aktionenrechtlichen Vorgehens von dem Zivilprozeßrecht unserer Zeit. Sie macht sich in der Konzentration des Rechtsstreits auf die vom Kläger beantragte *Klageformel* bemerkbar, eine Beschränkung, die dem heutigen prozessualen „Anspruch" fremd ist[110]. Denn gewährte der Prätor das begehrte Klagerecht, so wurde der Prozeß im Wege eines Vertrages zwischen den Parteien, genannt die „Streiteinsetzung" oder „litis contestatio", auf den geltend gemachten – materiellen – Anspruch be-

---

[106] Oben Seite 26 f., sub II 1. a) FN. 77, unten FN. 107.

[107] Cicero, Pro A. Cluentio Habito oratio ad iudices, caput XLIII, Satz 120: „Neminem voluerunt maiores nostri non modo de existimatione cuiusquam, sed ne pecuniaria quidem de re minima esse iudicem, nisi qui inter adversarios convenisset." Cicero in der Gerichtsrede für Aulus Cluentius Habitus, Kapitel 43, Satz 120: „Unsere Vorfahren lehnten es nicht nur ab, einem Richter eine Ermessensentscheidung einzuräumen, sondern auch, ihn selbst über eine geringe bestimmte Summe urteilen zu lassen, sofern sich die Parteien nicht zuvor über seine Person geeinigt hatten."

[108] Selbstredend nicht im Hinblick auf die Einbindung des Richters unserer Zeit in die Hierarchie der Rechtsmittelinstanzen, die in Rom erst unter der Herrschaft des Kaisers Augustus (27 v. Chr. bis 14 n. Chr.) durch das klassische sog. Kognitionsverfahren eingeführt wurde (Kaser/Hackl, Römisches Zivilprozeßrecht, § 75).

[109] Oben, sub 1. b).

[110] Der prozessuale „Anspruch" kann mehrere materiell-rechtliche Ansprüche i. S. des § 194 BGB in sich aufnehmen (Rosenberg/Schwab/Gottwald, Zivilprozeßrecht, 15. Auflage, 1993, § 95 III 2). Die weite Fassung des Begriffs erlaubt eine elastischere Prozeßführung, sie gefährdet jedoch auch die konzentrierte und zügige Behandlung der Streitsache.

1. Begriff und beispielhafte Erläuterung des aktionenrechtlichen Denkens 35

schränkt. Die „litis contestatio" änderte sogar den Charakter des materiellen Rechts: Um die Wiederholung des Prozesses und ein Abweichen des Klägers vom festgelegten Streitprogramm zu verhindern, konstruierten die römischen Juristen den Verbrauch (die Konsumtion) des ursprünglichen Rechts und seine Verwandlung in den rechtshängigen Anspruch, der die Parteien verpflichtete, sich dem ergehenden Urteil zu unterwerfen[111].

### d) Die rechtliche und soziologische Unzulänglichkeit des aktionenrechtlichen Denkens

aa) Das aktionenrechtliche System ist *eine auf den Prozeß bezogene Darstellungsweise privatrechtlicher Ansprüche*. Wegen seiner Beschränkung auf die *Durchsetzung* derjenigen Rechte, die einer anderen Partei eine *Leistung* auferlegen, erschöpft es nicht im geringsten die Masse des sog. „Rechtsstoffs", also die geschriebenen und ungeschriebenen Regeln privatrechtlichen Handelns[112]. Damit fallen weite, nicht mit Ansprüchen bekleidete Teile des Ehe-, Familien- und Erbrechts, aber auch die Regeln über den Erwerb und Verlust dinglicher Rechte aus dem System der Klagen heraus, sofern diese Gebiete nicht ihrerseits mit der actio verfolgbare Ansprüche hervorbringen. Auch das Schuldrecht als die wichtigste Quelle der Aktionen steht mit der Lehre vom Abschluß und der Auslegung der Verträge, ihrer Willensmängel und verbotenen Geschäfte sowie der Nebenbestimmungen wie der Bedingung und Befristung *außerhalb der Aktionen, sofern diese Gestaltungen nicht als Voraussetzungen einer actio oder exceptio, d. h. der Klage oder eines Hindernisses der Verurteilung, Bestandteile einer Klageformel werden.*

Obwohl das aktionenrechtliche Denken für die prozeßrechtliche Würdigung immer noch von großem methodischen Ertrag und intellektuellem Reiz ist, war es von Anfang an unzulänglich, weil es auch in seiner Beschränkung auf das Klagerecht die selbstverständliche *außergerichtliche Regelung der Rechtsverhältnisse* bewußt oder unbewußt ausblendete. Seine Einseitigkeit erweckt noch heute den Anschein, daß nur die vor Gericht ausgetragene, eben streitige Ordnung, das römische Privatrecht zur Zeit des Formularprozesses darstellte und daß Wechselwirkungen zwischen der streitigen und der unstreitigen Ordnung zumindest nicht von rechtlichem Belang waren.

bb) Um diesen Einwänden nachzugehen, überlege man, für welche Rechtsverhältnisse sich die unstreitige, „vernünftige" Regelung anbot.

---

[111] Die Streitbefestigung und deren Wirkungen stellen Kaser/Hackl, a. a. O., § 41 IV und § 42, dar.

[112] Diese selbstverständliche Einschränkung finde ich nur bei Kaser, Römisches Privatrecht, § 55 I 4.

(1) Das Vertrauen auf die Redlichkeit des anderen Kontrahenten, die sog. bona fides, und die Vernunft als gestaltende Kräfte sind vorzugsweise bei allen unentgeltlichen Verträgen, aber auch bei Gesellschafts- und Gemeinschaftsverhältnissen zu entdecken.

Zu den Rechtsverhältnissen mit besonderem persönlichen Bezug darf die Schenkung, römisch-rechtlich die „donatio", gerechnet werden, deren juristischen Konstruktion als bloßer Rechtsgrund des Behalten-Dürfens[113], als sog. causa donandi, den Gedanken an eine Geltendmachung von Ansprüchen gar nicht erst aufkommen ließ: Denn kraft der Auffassung als sog. „causa" durfte der Beschenkte zwar das übereignete Gut *behalten,* aber es nicht zur Grundlage einer actio gegen den Schenker machen. Rundheraus gesagt gibt es im römischen Recht keine *actio donationis,* obwohl das Geschäft ernst gemeinte Rechtsbindungen erzeugt.

Auch die Leihe („commodatum"), die Verwahrung („depositum") und das unverzinsliche Darlehen („mutuum") dürften, soweit sie *geringwertige* Gegenstände oder Summen zum Inhalt hatten, weder mit dem Gedanken an eine actio des Gebers kontrahiert noch im Falle eines unglücklichen Ausgangs der Vereinbarung mit einer Klage auf Rückgabe durchgesetzt worden sein. Ihre Unentgeltlichkeit gibt ihnen einen anderen als berechnenden Zug; sie tragen ein Stück Altruismus und damit einhergehend ein besonderes Vertrauen der Partner in sich. Auch die Vernunft der Kontrahenten dürfte hier andere Wege als ausgerechnet den Prozeß gefunden haben, um Störungen aus der Welt zu schaffen, weil anzunehmen ist, daß das Prozessieren um *Bagatellen* gerade in solchen persönlichen Rechtsverhältnissen dem vergleichsweise starren, ja aristokratischen Zivilprozeß des römischen Staates als mißbräuchlich erschien[114]:

Dies dürfte umso mehr der Fall gewesen sein, als die Zeit und die Kräfte von sechs bis sechszehn[115] – vergleichbar denen von fünf bis zehn der heutigen landgerichtlichen Kammern – niemals ausgereicht hätten, sämtliche zivilrechtlichen Streitigkeiten einer Metropole von 664.000 bis 750.000 Bürgern[116] auch nur der Rechtsfrage nach zu entscheiden. Der Prätor, einer der ranghöchsten und vornehmsten Beamten der römischen Republik, dürfte sich beispielsweise nicht mit dem Streit um ein Sklavenkleid oder einen Pferdehalfter aufgehalten haben[117]. Da der Formularprozeß weder das Hindernis der Zahlung eines Gerichtskostenvorschusses noch der Belastung der unterlegenen Partei mit den Gerichts- und Anwaltskosten

---

[113] Zur Konstruktion der Schenkung Kaser, Römisches Privatrecht, § 140 I 2.

[114] So m.E. zutreffend Seidl, Zur Gerichtsverfassung in der Provinz Ägypten bis ca 250 n. Chr., Labeo Bd. 11 (1965), Seite 316/19, aber nicht aus den Quellen belegbar!

[115] So die oben, Seite 26, FN. 75, angegebene Zahl der Gerichtsherren.

[116] Zur *freien* Bevölkerung Roms s.o., Seite 26, FN. 75.

[117] Beispiele angeführt von Seidl, a. a. O.

## 1. Begriff und beispielhafte Erläuterung des aktionenrechtlichen Denkens    37

kannte[118], so mußte eine Barriere „freirechtlich" geschaffen werden: Unter der Maxime: „Minima non curat praetor"[119] dürfte der Prätor in solchen Fällen den Rechtsschutz verweigert haben.

Besonders intensive Treuebindungen prägten auch die Gesellschaft („societas"), die Gemeinschaft, etwa zwischen Miteigentümern, („communio") und den Auftrag („mandatum"). So sagt der römische Jurist Ulpian sehr treffend: „Societas ius quoddam modo fraternitatis in se habeat."[120] „Die Gesellschaft lebt unter dem Gesetz der Bruderschaft." Die ausgeprägte Rechtsvernunft der Römer schloß aus diesem Grunde bei bestehender Gesellschaft und Gemeinschaft die gerichtliche Auseinandersetzung aus: Differenzen waren bis zur Aufhebung der Bindung durch gegenseitiges Einvernehmen aus der Welt zu schaffen[121], eine Einsicht, die dem heutigen Recht fremd ist. Die Vernunft und die Treue könnten daher auch im Verhältnis zwischen dem Auftraggeber, dem „mandator", und dem Beauftragten, dem „mandatar", einer vergleichsweisen Regelung den Vorzug vor der Auseinandersetzung vor dem Prätor gegeben und den Prozeß nur als ultima ratio vorgesehen haben[122].

Die rechtliche Bindung ist mithin nicht gleichbedeutend mit der sofortigen Klagbarkeit von Ansprüchen. Das Gebot, mit einem Kontrahenten nach Treu und Glauben zu verfahren, und das Verbot, den römischen Prätor für Streitigkeiten um Bagatellen in Anspruch zu nehmen, könnten dauernde oder zeitweilige Hindernisse gegen leichtfertiges Prozessieren ge-

---

[118] Heute § 65 GKG. Kaser/Hackl, Römisches Zivilprozeßrecht, § 1 IV 5, § 54 VI. Die „Abwehr mißbräuchlichen Prozessierens" durch das Versprechen von Strafsummen oder vom Staat verhängte Ehrenminderungen (Kaser/Hackl, Römisches Zivilprozeßrecht, § 40), setzte ein Behaupten oder Bestreiten „wider besseres Wissen"voraus, Merkmale, die den Streit um Bagatellen nicht treffen.

[119] Einen Anhalt gibt die Stelle D 16, 3, 1, 5: „Quae depositis rebus accedunt, non sunt deposita, ut puta si homo vestitus deponatur, vestis enim non est deposita: nec si equus cum capistro, nam solus equus depositus est." „Zubehör in Verwahrung gegebener Sachen ist im Verwahrungsvertrag nicht inbegriffen, so wenn ein bekleideter Sklave in Verwahrung gegeben wurde, ist seine Bekleidung nicht verwahrt, und nicht anders steht es bei Verwahrung eines Pferdes mit dem Halfter."
Der Satz, daß Bagatellen nicht vor den Prätor gehören, gilt in seiner wörtlichen Bedeutung nur für die Wiedereinsetzung in den vorigen Stand (Kaser/Hackl, Römisches Zivilprozeßrecht, § 64 II, FN. 8), was steht aber seiner analogen Anwendung als eine allgemeine Richtlinie entgegen? A.M. sind hier akzentuiert Kaser/Hackl, a. O.

[120] D. 17, 2, 63 pr.

[121] Kaser, Römisches Privatrecht, § 133 VI und § 138 I 2, insbesondere mit dem Hinweis auf den „römischen Individualismus" in § 138, FN. 5.
Einen Anhalt in den Quellen findet man in D. 17, 2, 65 pr: „Actione distrahitur, cum aut stipulatione aut iudicio mutata sit causa societatis." „In der Klageerhebung liegt die Ursache der Auflösung, wenn durch Stipulation oder durch einen Rechtsstreit die Geschäftsgrundlage der Gesellschaft angetastet wird."

[122] Das klagbare Mandat ist erst allmählich anerkannt worden: Kaser, a. a. O., § 134 I 1, FN. 5.

schaffen haben. Dafür, daß gleichwohl Rechtsverhältnisse und nicht bloß ethische Bindungen vorlagen, sprechen die *elastischen* Mittel der Durchsetzung von Ansprüchen: der Appell an das *Rechts*gewissen, die Mahnung, der Protest bis hin zum Crescendo des verbalen Streits, der Abbruch persönlicher und geschäftlicher Beziehungen, das Zurückbehaltungsrecht und der Schadensersatzanspruch wegen treuwidrigen Verhaltens.

cc) Versuchen wir, die aufgeworfenen Fragen auf einen möglichst großen Kreis der (freien) römischen Bürger in dem Zeitabschnitt zu erweitern, in dem das Formularverfahren die gerichtliche Praxis bestimmte[123]. Verhielt es sich so, daß auch die *täglichen* Geschäfte, deren regelmäßige Vornahme damals wie heute den Lebenszuschnitt bestimmt, mit dem Blick auf die Gewährung oder Verneinung einer actio eingegangen und erfüllt wurden? Oder war es nicht vielmehr so, daß die actio zwar eine notwendige Ordnung, aber eben nur eine Notordnung darstellte, die Parteien ihre Beziehungen also nach der praktischen Vernunft, unter anderem nach den Machtverhältnissen, d. h. danach gestalteten, in welchem Maße der eine Teil auf den anderen angewiesen war?

Die Antwort beginne bei den Klassen, die, um es in einem Bilde auszudrücken, „von der Hand in den Mund lebten", in Rom bei den kleinen Kaufleuten, den Handwerkern und den Armen, die ihren Lebensunterhalt mit niedrigen Diensten bestritten[124].

Tagelöhner, die den Grundbesitz der Patrizier *wie Sklaven* bearbeiteten und auf der Suche nach erträglichen Arbeitsbedingungen oft von einem Grundherrn zum anderen zogen[125], Pächter („coloni"), die bei schlechten Erträgnissen des Bodens den Pachtzins nur mit Mühe oder gar nicht aufbringen konnten[126], Lohnarbeiter („mercenarii"), die in den damals schon existierenden Fabriken alle Arten von Massenprodukten, beipielsweise Gebrauchskeramik; Leder- oder Korbwaren, Ziegel, ja sogar Salben herstellten[127], Bauarbeiter („structores")[128], Seeleute („navicularii") auf den im Mittelmeer kreuzenden Kauffahrteischiffen[129], sie alle konnten

---

[123] Bis zum Ende des dritten nachchristlichen Jahrhunderts, s. u. Seite 42, FN. 149.

[124] Wertvolles Material liefern das Werk von de Martino, Wirtschaftsgeschichte des alten Rom, 2. Auflage (1991), sowie die Abhandlung „Industrie und Handel" in Pauly/Wissowa, Realencyclopädie der classischen Altertumswissenschaft, Band IX 2 (1916), Sp. 1441 ff.

[125] Die Beschäftigung von Tagelöhnern insbesondere in der Erntezeit bei knappen Arbeitskräften schildert de Martino, a. a. O., Seite 124 - 25. Wenn man den Angaben de Martinos glauben darf, gab es schon in römischer Zeit Leiharbeitsverhältnisse.

[126] In der späten Zeit der absoluten Monarchie der römischen Kaiser, etwa gegen Ende des dritten nachchristlichen Jahrhunderts, waren die „coloni" nicht mehr freie Bauern, sondern an die Scholle gebundene Landarbeiter, dem Grundherrn Hörige (de Martino, a. a. O., Seite 448).

[127] de Martino, a. a. O., Seite 184 - 85, 190 - 92.

[128] de Martino, a. a. O., Seite 191.

[129] de Martino, a. a. O., Seite 156.

## 1. Begriff und beispielhafte Erläuterung des aktionenrechtlichen Denkens 39

es sich nicht leisten, wegen ausstehenden Lohnes[130] oder bedrückender Arbeitsbedingungen den Patron mit der sog. „actio locati" vor den Prätor zu ziehen: Ein Arbeitsrecht oder gar Arbeitsschutzrecht war undenkbar[131], zumal da die abhängige Arbeit im Urteil der oberen Klassen als schmutzig und erniedrigend galt[132]. Wie sie ihre unzweifelhaft vorhandenen Rechte durchsetzten, läßt sich nur vermuten – wahrscheinlich durch Proteste, Zusammenrottung oder Arbeitsverweigerung. Aber auch dem Patron half es nicht unbedingt, einen Pächter wegen des ausstehenden Pachtzinses oder einen Arbeiter wegen schlechter Leistung zu verklagen, denn was sollte die Justiz gegen einen völlig unvermögenden Schuldner ausrichten, wenn der Dienstherr auf dessen Arbeit angewiesen war, weil sich keine besseren Leute fanden?[133] Mancher Patron suchte in dieser Lage, wenn man der einschlägigen Literatur glauben darf, nach „jedem Heilmittel", um eine Wendung zum Besseren *ohne das Gericht* zu erreichen.

Aufschlußreich ist in diesem Zusammenhang auch der dem Mieter, Pächter, Werkunternehmer, Verwahrer, Entleiher und Beauftragten versagte Besitzschutz gegenüber dem Vertragspartner: Die Sache, die in deren Gewahrsam („detentio"oder „naturalis possessio")) gelangt war, konnte der Vermieter, Verpächter, Auftraggeber etc. jederzeit und ohne Rechtfertigung seines Vorgehens an sich ziehen[134] ; der Fremdbesitzer dieser Art war auf – imaginäre –

---

[130] Nach den Angaben de Martinos (a. a. O., Seite 196) belief sich der Tageslohn eines gewöhnlichen Arbeiters auf 12 As, das war „wenig mehr als ein Silberdenar von vier Gramm Gewicht". Folgt man der Berechnung bei Pauly/Wissowa, a. a. O., Sp. 1495, so waren dies in heutiger Währung zwischen 61 und 68 Pfennig (!), aber „alles wahrscheinlich mit Beköstigung".

[131] Pauly/Wissowa, a. a. O., Sp. 1496: „Überhaupt war der Arbeitsvertrag nach römischem Recht ganz frei und wird nur von der Sitte und dem Interesse der Kontrahenten geregelt."

[132] de Martino, a. a. O., Seite 193, und Pauly/Wissowa, a. a. O., Sp. 1510 - 1511, dieser mit Berufung auf Cicero, de officiis, liber primus, Satz 150:"Opificesque omnes in sordida arte versantur; nec enim quicquam ingenuum habere potest officina." „Vom pflichtgemäßen Handeln I, 150: „Alle Handwerker befassen sich mit einer schmutzigen Tätigkeit, denn eine Werkstatt kann nichts Edles an sich haben."
Die besseren Stände sahen ihre Aufgaben in der Teilnahme am Staatswesen, darunter dem Auftreten vor Gericht, der Philosophie und Kunst und der Kriegführung als Offizier.

[133] Kaser/Hackl, Das römische Zivilprozeßrecht, § 56 IV, bezweifelt m.E. mit Recht den Erfolg der zur Zeit des Formularverfahrens herrschenden Vollstreckung gegen die Person des Schuldners: „Inwieweit durch solches Abarbeiten die Schuld wirklich abgetragen wurde, hing von den Umständen ab." De Martino,a. a. O., Seite 275, führt daher zutreffend aus: „Was hätten indes die Grundbesitzer von ihren Pächtern noch bekommen können, nachdem sie sie bis zum letzten Tropfen ausgequetscht hatten, außer den Ruin ihres Landes und daß sie es verlassen würden?"
Die Vollstreckung gegen Leib und Leben des Schuldners kraft der „legis actio per manus iniectionem", der „auf die handhafte Ergreifung des Schuldners gerichteten Haftungsklage" hatte eine lex Poetelia, vermutlich im Jahr 326 v. Chr., abgeschafft (Kaser/Hackl, a. a. O., § 20 VI 2).

[134] Kaser, Römisches Privatrecht, a. a. O., , § 94 IV.

Ansprüche wegen Vertragsbruchs beschränkt. Die schwache Position eines Werkunternehmers, Verwahrers, Entleihers und Beauftragten läßt sich zwar mit der Fremdnützigkeit und zeitlichen Beschränkung ihrer Vertragsrechte verteidigen[135]. Wenn aber der Mieter einer Wohnung und der Pächter eines Gutes von heute auf morgen aus dem sog. natürlichen Besitz (der „naturalis possessio") gesetzt, also in diesem übertragenen Sinne „depossediert" werden konnten, so war diese Regelung in den Augen des heutigen, „sozial" denkenden Juristen – schlicht ein Ärgernis, das sich nur mit ihrer wirtschaftlichen und daraus folgend rechtlichen Ohnmacht trotz des Bestehens rechtlicher Bande erklären läßt[136].

Oder werfen wir einen Blick auf Kaufleute und *(selbständige)* Handwerker, die Waren oder Dienstleistungen öffentlich anboten[137], beispielsweise den Inhaber eines Standes auf einem der zahlreichen Märkte („institor") wie einen Geldwechsler („argentarius")[138], einen Bäcker („pistor") oder Mezger („lanius") oder den Inhaber einer Wäscherei, den Besitzer einer privaten Badeanstalt („balneator")[139], einen Gast- oder Herbergswirt („caupo") an einer über Land führenden Straße.[140] Durften sie vernünftigerweise den ihnen namentlich nicht bekannten Abnehmern Kredit gewähren und auf den Erfolg einer „actio" vertrauen?

Betrachten wir zuletzt den in großem Umfang betriebenen Handel[141], etwa den Import von Getreide, Wein, Öl, Rohstoffen oder Fabrikprodukten[142] aus den Provinzen rund um das Mittelmeer sowie von Luxusgütern („deliciae") aus Arabien und Indien[143]: Galt nicht auch hier die natürliche Einsicht des Kaufmanns, daß man seine Geschäftspartner nur im äußersten Notfall vor Gericht, in Rom vor den Prätor für Streitigkeiten zwischen römischen Bürgern und Nichtbürgern (den prätor peregrinus), zieht, wenn man „im Geschäft bleiben will"?

---

[135] Man vergleiche beispielsweise die Regelung des § 649 BGB, die dem Besteller des Werkvertrages das Recht jederzeitiger Kündigung des Verhältnisses gewährt.

[136] Dazu Pernice, Ueber die wirtschaftlichen Voraussetzungen römischer Rechtssätze, a. a. O., Seite 82/89 ff., insbesondere 95.

[137] Zu diesen Berufsgruppen de Martino, a. a. O., Seite 146, 181 und 339, wo es wörtlich heißt: „In der Stadt Rom gab es Tausende von individuellen Produzenten, die auf Bestellung von Kunden hin arbeiteten."

[138] De Martino, a. a. O., Seite 174 - 75.

[139] In Rom gab es städtische und private Badeanstalten: Paoli, Das Leben im alten Rom, a. a. O., Seite 250 ff. Das Eintrittsgeld („balneaticum") wurde auch in den an sich unentgeltlich zugänglichen städtischen Anstalten erhoben, sofern sie an einen Unternehmer („conductor") verpachtet waren (Paoli, a. a. O., Seite 252).

[140] Über das Reisen Paoli, a. a. O., Seite 257 ff.

[141] Dazu de Martino, a. a. O., Seite 356 ff., im Hinblick auf die Importe durch Kaufleute insbesondere Seite 360, 374 f.

[142] De Martino, a. a. O., Seite 344 und 346, nennt Gläser, Keramik, Stoffe, Lederwaren, Papyri, Parfums, Salben, Gewürze, Spezereien und Heilmittel.

[143] De Martino, a. a. O., Seite 356.

## 1. Begriff und beispielhafte Erläuterung des aktionenrechtlichen Denkens 41

dd) Was wollen und sollen alle diese Beispiele besagen? Die Antwort nimmt den bereits entwickelten Gedanken wieder auf: Das Aktionensystem und das aktionenrechtliche Denken vernachlässigen die *rechtlichen*, mindestens *rechtsbildenden*[144] Beziehungen außerhalb der Gerichtsbarkeit, ohne die sich das Arbeits- und Wirtschaftsleben im Kleinen wie im Großen niemals hätte entfalten können. Wie heute, so stehen auch zur Zeit des Formularprozesses das sachliche, „gelebte" Privatrecht und die für die pathologischen Sachverhalte geltende Ordnung der Aktionen nicht beziehungslos nebeneinander, sondern sind in einer Wechselwirkung aufeinander bezogen: *Das praktizierte, möglicherweise noch unfertige „Recht" nimmt seinen Weg über die Parteien, ihre Vertreter und mögliche Berater in den Gerichtssaal, seine Bestätigung oder Korrektur wirkt alsdann als „gefestigtes Recht" auf die Praxis zurück*[145].

Der Zusammenhang der beiden Ordnungen sei mit dem obigen Beispiel der „actio venditi" des Verkäufers unter Vermeidung jeder Weitläufigkeit untersucht.

Den Kaufvertrag nach römischen Recht beschreibt eine einschlägige Darstellung[146] als „vollkommen zweiseitigen Vertrag, gerichtet auf den Austausch der Ware, zumeist einer Sache, gegen einen in Geld bestehenden Preis. Wie in der Wirtschaft aller Völker ist auch der römische Kauf das wichtigste Geschäft des Güterumsatzes, sowohl im Groß- und Kleinhandel wie im Güterverkehr unter Nichtkaufleuten.

Spätestens im 2. Jh. v. Chr. steht fest, daß der formlose Kauf auf Grund der fides beiderseitig verpflichtend wirkt und im *bonae fidei iudicium* klagbar ist."

Wenn der Kauf, wie hier zutreffend bemerkt, ein *weltweites* Geschäft des Güterumsatzes ist, wenn er als Urtyp menschlichen Handelns „auf Grund der fides beiderseitig verpflichtend wirkt und im bonae fidei iudicium", d. h. nach Maßgabe der im Verkehr geltenden Maßstäbe „klagbar ist", so sanktioniert hier das ius civile bestimmte *rechtsbildende Faktoren des Ver-*

---

[144] H. Henkel, Einführung in die Rechtsphilosophie, a. a. O., § 23 III, Seite 230, nennt sie die „Bauelemente, Strukturen, Vorformen" des Rechts. Diese Einschätzung gilt m.E. aber nur für die *noch nicht gefestigten* Sachgesetzlichkeiten; sie gilt beispielsweise nicht für die Bewertung des Kaufvertrages als eines weltweit anerkanntes, durch bloßen Konsens begründetes Geschäfts des Güterumsatzes. Denn welches Gericht würde die Behauptung wagen, es gäbe seiner Ansicht nach keinen durch bloßen Konsens geschaffenen Kauf?

[145] Die Übereinstimmung des römischen mit dem geltenden deutschen Privatrecht im Hinblick auf die gegenseitige Beeinflussung des Verkehrs und der die Normen setzenden Instanzen, frappiert, gerade weil sie sich nicht reflektiert darstellt: Nach Kaser, Römisches Privatrecht, § 130 II 2 und § 114 IV 3, ist die bona fides „der *Maßstab*, nach dem der Richter das Rechtsverhältnis zu beurteilen hat. Als Inhalt des Schuldverhältnisses gilt alles, was die Parteien formlos vereinbart haben, aber auch, was nach der allgemeinen Verkehrssitte als geschuldet anzusehen ist." In diesem Sinne auch Larenz, Methodenlehre der Rechtswissenschaft, 6. Auflage (1991), Seite 223: „Maßstäbe wie Treu und Glauben erhalten ihre inhaltliche Ausfüllung durch das allgemeine Rechtsbewußtsein der zur Rechtsgemeinschaft Verbundenen, das sowohl durch Tradition geprägt, wie in ständiger Neubildung begriffen ist. Gleichsam als das „Sprachrohr" dieses allgemeinen Rechtsbewußtseins betrachten sich die Gerichte..."

[146] Kaser, Römisches Privatrecht, a. a. O., § 130 I und II 2.

*kehrs*[147]. Kein seines Faches mächtiger Richter hätte – damals wie heute – die Legitimation, sich über diese Sachgesetzlichkeiten hinwegzusetzen!

### e) Die Überwindung des aktionenrechtlichen Denkens

aa) Die Überwindung des Formularverfahrens hatte in erster Linie einen staatsrechtlichen Grund: In dem Machtapparat der Kaiserzeit, der auf ein Imperium und nicht bloß auf eine Stadtrepublik zugeschnitten war, hatte sich das Formularverfahren mit privaten Richtern überlebt, weil es einer gleichförmigen und vom Monarchen beeinflußten Rechtspflege geradezu im Wege stand[148]; war es doch der Sinn der beschriebenen Zweiteilung, den freien römischen Bürger nicht der Autorität eines beamteten Richters, sondern nur dem Spruch eines von ihm gewählten Vertrauensmannes zu unterwerfen.

Der staatsrechtlichen Veränderung trat ein anderes privatrechtliches Denken an die Seite, das sich ebenfalls aus der Größe des Reiches und der Freiheit des Rechtsverkehrs ergab. Denn wenn sich das aktionenrechtlichen Denken, wie ausgeführt, auf die *gerichtliche* Durchsetzung eines *Anspruchs* konzentrierte, wenn es nicht einmal die allgemeinen Rechtsfiguren des Vertrages, seiner Auslegung und Nebenbestimmungen sowie die Begründung und Übertragung dinglichen Rechte behandelte, so mußte die wachsende Gewandtheit im Umgang mit dem Privatrecht allmählich ein anderes Rechtsbewußtsein erzeugen: Der Blick unbefangener Juristen mußte sich trotz der Ehrfurcht vor den Leistungen der vorangegangen Generationen nach und nach von der ausschließlich auf den Prozeß bezogenen, zwischenmenschlich und fachlich einseitigen Betrachtung lösen und sich gleichermaßen auf das praktizierte Privatrecht, insbesondere die „obligatio", als eine Quelle der Ansprüche richten.

Interpretiert man die Konstitution des Kaisers Constantius aus dem Jahre 342 über die Abschaffung der Prozeßformeln, so erschienen die Aktionen nunmehr als eine Zwangsjacke der Prozeßführung, in die der Kläger sein Begehren, koste, was es wolle, und mit der Gefahr des Prozeßverlustes bei Wahl einer unpassenden actio hineinpressen mußte[149]:

„Iuris formulae aucupatione syllabarum insidiantes cunctorum actibus radicitus amputentur."

---

[147] Kaser, a. a. O., § 114 IV 3: „Seit dem Beginn der klassischen Zeit werden die *bonae fidei iudicia*, weil die gute Treue ebenso verbindlich macht wie eine lex, dem *ius civile* zugerechnet."

[148] Aldo Schiavone in dem Sammelband „Der Mensch der römischen Antike" (1997), Seite 98/114, zum Stichwort „Der Jurist". Zur Einrichtung des privaten Richters, des iudex, oben II, 1. c), dd), Seite 34, FN. 107.

[149] Codex Justinianus II, 57/58.

## 1. Begriff und beispielhafte Erläuterung des aktionenrechtlichen Denkens 43

„Die Rechtsformeln, die durch Silbenstecherei den Verhandlungen aller Parteien eine Falle stellen, sollen mit der Wurzel ausgerottet werden."

bb) Mit der Aufhebung des Formularverfahrens und dessen Übergang zum sog. Kognitions-, d. h. Untersuchungs-, Erkenntnis- oder Beamtenprozeß, unter der obersten Leitung des Kaisers[150] war die geistige Macht der Aktionen indessen noch nicht gebrochen. Die Darstellungsweise der rechtlichen Beziehungen nach Aktionen kam dem (verständlichen?) Wunsch der Juristen entgegen, das Rechtsverhältnis gewissermaßen unter einer Lupe, nämlich im Stadium der Abwehr gegen eine Verletzung, zu betrachten, wo sich sein Charakter deutlicher als im täglichen Verkehr herausschält, in dem die gegensätzlichen Interessen der Parteien und ihr Handeln nach Zweckmäßigkeit die gedanklichen Kategorien überspülen.[151]

Mit welcher Macht die traditionelle Denkungsart ihren Einfluß auch unter einer neuen – das materielle und das formelle Recht trennenden – Sichtweise[152] bewahrt, läßt sich an den Digesten Justinians ablesen, die fast zweihundert Jahre nach der Aufhebung der Prozeßformeln verabschiedet wurden[153]: Der siebente Titel des 44. Buches, überschrieben „De obligationibus et actionibus" („Über Verbindlichkeiten und Klagen") stellt das Recht auf eine Leistung („obligatio") und das Klagerecht („actio") nebeneinander, ohne daß der Zusammenhang den Grund erkennen läßt, aus dem sich der Text für die eine oder die andere Lesart entscheidet[154]:

Den Titel leiten die Entstehungsgründe der Schuldverhältnisse ein, welche hier zutreffend als „obligationes" bezeichnet sind (lex 1):

„Gaius libro secundo aureorum. Obligationes aut ex contractu nascuntur aut ex maleficio aut proprio quodam iure ex variis causarum figuris. Obligationes ex contractu aut re contrahuntur aut verbis aut consensu."

„Gaius im zweiten Buch der goldenen Rechtsregeln.

Schuldverhältnisse entstehen aus Vertrag, aus unerlaubter Handlung oder nach besonderer Anordnung aus verschiedenen Rechtsgründen.

---

[150] Den Übergang stellen Kaser/Hackl, Römisches Zivilprozeßrecht, § 66, dar.

[151] Th. Muther, Zur Lehre von der römischen Actio (1857), Seite 12, bringt diese Sichtweise gewissermaßen „auf den Punkt": „Besonders bei dem Abschluß von Verträgen hört man häufig die Frage: Kann ich aber auch klagen und worauf geht die Klage? m.a.W.: Habe ich ein Klagrecht? nicht bloß: Habe ich einen Anspruch?"

[152] Die Verhandlung zur Sache im Kognitionsverfahren richtete sich auf die Subsumtion des klägerischen Begehrens unter das materielle Privatrecht: Kaser/Hackl, a. a. O., § 73 I.

[153] Veröffentlichung mit Gesetzeskraft im Jahre 535 n. Chr., das sind genau 193 Jahre nach der Konstitution des Kaisers Constantius.

[154] Dem Versuch A. Kollmanns, Begriffs- und Problemgeschichte, a. a. O., Seite 99 f, die verschiedenen Bezeichnungen der „obligatio" und der „actio" im Sinne einer *einheitlichen* materiell-rechtlichen Betrachtungsweise zu deuten, widerspricht die Analyse des Textes. In FN. 371, Seite 99, stellt Kollmann selbst die Klagbarkeit neben die materiell-rechtliche Bedeutung des Textes D. 44, 7, 6

Die vertraglichen Schuldverhältnisse werden entweder durch Hingabe einer Sache[155], durch vorgeschriebene Worte[156] oder durch Konsens der Parteien[157] geschaffen."

Nach den Entstehungsgründen behandelt der übernächste Abschnitt (lex 3) die Natur der Verbindlichkeit:

„3. Paulus libro secundo institutionum. Obligationum substantia non in eo consistit, ut aliquod corpus nostrum aut servitutem nostram faciat, sed ut alium nobis obstringat ad dandum aliquid vel faciendum vel praestandum."

„Paulus im zweiten Buch der Institutionen

Die Natur einer Verbindlichkeit besteht nicht darin, daß sie uns den Körper eines Menschen oder die Dienstbarkeit an einem Grundstück zueigen macht, sondern daß sie einen anderen uns gegenüber verpflichtet, den Besitz einer Sache zu verschaffen, etwas körperlich zu tun oder etwas zu leisten."

Eine übernächste, immerhin noch benachbarte lex des Titels stellt die Rechtsverhältnisse des Auftrags und der Geschäftsführung ohne Auftrag dar, *mit der überraschenden Einführung der Klagen*, die in beiden Fällen ihren Platz neben den jeweiligen Verpflichtungen erhalten:

„5. Gaius libro tertio aureorum. Si quis absentis negotia gesserit, si quidem ex mandatu, palam est ex contractu nasci inter eos *actiones mandati*, quibus invicem experiri possunt de eo, quod alterum alteri ex bona fide praestare oportet:

si vero sine mandatu, placuit quidem sane eos invicem obligari eoque nomine proditae sunt *actiones*, quas appellamus negotiorum gestorum ..."

„Gaius im dritten Buch der goldenen Rechtsregeln.

Wenn jemand die Geschäfte eines Abwesenden geführt hat, und zwar infolge eines Auftrags, so liegt es auf der Hand, daß zwischen ihnen aus einem Vertrag die Auftragsklagen entstehen, deren sie sich gegeneinander im Hinblick auf die Leistungen bedienen dürfen, die der eine dem anderen schuldet:

wenn aber ohne Auftrag, so hat man freilich angenommen, daß sie gegenseitig verpflichtet werden und daß dieser Rechtsgrund Klagen schafft, die wir Geschäftsführungsklagen nennen."

Eine bruchlose Deutung der Stelle hätte die Wahl der beiden Merkmale in dem Sinne zu verstehen, daß die actio, wie später angenommen wurde[158], das Recht auf eine Leistung *im Zustand seiner Verletzung ist und „obligatio" und „actio" bloße Entwicklungsstadien ein und desselben Rechts darstellen*[159].

---

[155] Hier bezieht sich der Titel der Digesten auf die Realkontrakte des Darlehens („mutuum"), der Leihe („commodatum"), der Verwahrung („depositum") und der Begründung des Faustpfandes („pignus").

[156] Die „verba" als Entstehungsgrund meinen die Stipulation als mündlich-formgebundes, kausales oder abstraktes Leistungsversprechen.

[157] Konsensualverträge sind Kauf („emptio venditio"), Miete, Pacht, Dienst- und Werkverträge (allesamt „locatio conductio"), Gesellschaft („societas") und Auftrag („mandatum").

[158] Siehe unten zu FN. 163, 164.

[159] Das Bild, das die obligatio und die actio als Entwicklungsstadien des Rechts auf eine Leistung umschreibt, bedient sich einer vergeistigten „Mutter-Tochter-Beziehung": D. 44, 7,

## 1. Begriff und beispielhafte Erläuterung des aktionenrechtlichen Denkens   45

cc) Die überkommene Vorstellung, ein Privatrecht offenbare seinen Charakter am deutlichsten in der gerichtlichen Auseinandersetzung und bewähre sich erst im Stadium des Streits[160], hält sich im deutschen gemeinen Recht bis zur Historischen Rechtsschule[161], rund dreizehnhundert Jahre nach der Verabschiedung des Corpus Iuris, und ungeachtet einiger im Mittelalter und in der Neuzeit verfaßten Schriften, in denen die beiden aufeinander angewiesenen Gebiete des materiellen und des Prozeßrechts deutlich auseinandertreten[162]. Nach Auffassung von Savigny ist die actio, auf eine griffige Formel gebracht, das subjektive Recht im Zustand seiner Verletzung[163]. Das Recht auf eine Leistung, in heutigen Begriffen das Schuldverhältnis im engeren Sinne, erfährt eine Entwicklung oder Metamorphose vom Zustand des Abwartens oder der Ruhe bis hin zur Erhebung einer Klage. Wörtlich heißt es im „System des heutigen römischen Rechts"[164]:

> „Manche haben die Klagenrechte als eine selbstständige Klasse von Rechten, auf gleicher Linie stehend mit den Rechten der Familie, dem Eigenthum u.s.w., ansehen wollen, und es muß hier an den Widerspruch erinnert werden, der schon oben gegen diese Auffassung erhoben worden ist. Es gehören diese Rechte nur zu dem Entwicklungsprozeß oder der Metamorphose, die in jedem selbstständigen Rechte eintreten kann, und sie stehen daher auf gleicher Linie mit der Entstehung und dem Untergang der Rechte, welche gleichfalls nur als einzelne Momente in dem Lebensprozeß der Rechte, nicht als Rechte für sich, aufgefaßt werden dürfen.
>
> So lange jedoch dieses neue Verhältnis (i.e. zwischen Gläubiger und Schuldner) in den Gränzen einer bloßen Möglichkeit bleibt, und noch nicht zu einer bestimmten Thätigkeit des Verletzten geführt hat, können wir es nicht als eine wahre, vollendete Obligation ansehen; es ist vielmehr erst der Keim einer solchen, der jedoch auf dem Wege natürlicher Entwicklung in eine wahre Obligation übergeht.
>
> Das hier beschriebene, aus der Rechtsverletzung entspringende Verhältnis heißt Klagrecht oder auch Klage ..."

---

1: „obligationes ex contractu nascuntur"; „Obligationen entstehen aus Verträgen", und D. 12, 1, 12: „ nam ex quibus causis ignorantibus nobis actiones adquiruntur." „Denn Klagen erwachsen uns, auch wenn wir die Rechtsgründe (i.S. der obligationes), aus denen sie erwachsen, nicht kennen."

[160] Ich verweise auf die oben, FN. 151, von Theodor Muther geäußerten Kritik an der Windscheidschen Lehre vom Anspruch.

[161] Wieacker, Privatrechtsgeschichte der Neuzeit, a. a. O., Seite 367, kennzeichnet die Historische Rechtsschule als „autonome und philosophische, d. h. systematisch-methodische Rechtswissenschaft".

[162] Die gerade im Detail zuverlässige Schrift von Kollmann zählt vier die Gebiete trennende Werke auf: Die „Summa de actionum varietatibus des italienischen Glossators Placentinus" (a. a. O., Seite 191), der „Brachylogus (gr. kurze Darstellung) iuris civilis" eines unbekannten Autors (a. a. O., Seite 220), die „Inleidinge tot de Hollandsche Rechtsgeleertheydt" des Hugo Grotius (a. a. O., Seite 429) und die „Practische Rechtsgelahrtheit" des Daniel Nettelbladt (a. a. O., Seite 475).

[163] So der Kern des Systems des heutigen römischen Rechts, 5. Band, § 205.

[164] § 204, Seite 3, und § 205, Seite 5.

Das praktische Gewicht dieser Deutung macht man sich am besten mit Hilfe eines Beispiels klar: A hat B ein Darlehen gegeben, zur Rückzahlung fällig am 30. Juni eines gegebenen Jahres. Bis zum 29. 6. ist die Forderung des A keine „wahre, vollendete Obligation, sondern erst der Keim einer solchen"[165]. Er geht „im Wege natürlicher Entwicklung in eine wahre Obligation über", sobald A Klage auf Rückzahlung erhebt.

Diese Klage gehört, so von Savigny, zum Anspruch auf Rückzahlung, nach dem Recht des BGB aus § 607, während der heutige Jurist die Klage der Zivilprozeßordnung zuweist (§ 253 ZPO).

Den Bann gebrochen zu haben, den das Denken in Aktionen auf den Zivilisten über Jahrhunderte ausübte, darf, wie allgemein bekannt ist, Windscheid für sich in Anspruch nehmen[166]. Das Leitmotiv seiner Kampfschrift gegen die actio: „Für das heutige Bewußtsein ist das Recht das Prius, die Klage das Spätere, das Recht das Erzeugende, die Klage das Erzeugte. Das Recht weist jedem Individuum den Herrschaftskreis zu, in dem sein Wille Gesetz für die anderen Individuen ist"[167], faßt, wenn auch in etwas pathetischer Form, alle Einwände zusammen, die hier gegen die Fixierung des Privatrechts auf den Prozeß erhoben und belegt worden sind. Fortan war der Grund für den „Anspruch" als das privatrechtliche Mittel der Durchsetzung von Rechten gelegt[168].

Ein rechtsvergleichender Ausblick beleuchte in möglichster Knappheit das Verhältnis der „actio" und der „obligatio" in zwei anderen Rechtskreisen.

## 2. Die „action" des französischen bürgerlichen Rechts und Zivilprozeßrechts

a) Dem französischen Zivilrecht ist der allgemein-gültige, mithin abstrakte Begriff des „Anspruchs" unbekannt geblieben, wahrscheinlich, weil die „Arbeit am Begriff" durch Abstraktion und Systematisierung dem französischen Rechtsbe-

---

[165] Diese Beurteilung ist wegen der hinausgeschobenen Fälligkeit des Anspruchs auf Rückzahlung zutreffend, heute § 609 BGB.

[166] „Die actio des römischen Zivilrechts vom Standpunkte des heutigen Rechts" (1856).

[167] A.a. O., Seite 3.

[168] Auschlußreich, auch in dem hier vertretenen Sinn der außergerichtlichen Durchsetzung von Rechten, Windscheids wohl heftigster Gegner, Theodor Muther, in seiner „Kritik des Windscheidschen Buchs" von der actio, Seite 39: „Die Römer hätten es keinem Menschen mit gesunden Sinnen zugetraut, daß er an das Fordern und die Ertheilung einer Klagformel denke, so lange sich der Gegner bereit erklärt, seine Ansprüche vollständig zu erfüllen, oder vielmehr an einen Prozeß da zu denken, wo nichts streitig ist."

## 2. Die „action" des französischen bürgerlichen Rechts und Zivilprozeßrechts 47

wußtsein weniger liegt als der deutschen Tiefgründigkeit[169]. „Ansprüche" eines Rechtsinhabers gegen Dritte werden als „effets" (Wirkungen) des subjektiven Rechts aufgefaßt[170].

Daneben bedienen sich der Code civil, die Rechtsprechung und die Literatur im Bereich des bürgerlichen Rechts unverblümt des Begriffs der „actio", französisch der „action", ohne deren Verhältnis zum Klagerecht klarzustellen[171]:

Die „Ansprüche" zum Schutz des Besitzes nennt der Code „actions possessoires"( Art. 2283)[172]:

> „Les actions possessoires sont ouvertes dans les conditions prévues par le Code de procédure civile à ceux qui possèdent ou détiennent paisiblement."
> 
> „Besitzschutzklagen stehen nach den Bestimmungen des Code de procédure civile allen offen, deren Eigen- oder Fremdbesitz[173] nicht fehlerhaft ist."

Den Anspruch des Eigentümers gegen den Besitzer auf Herausgabe der Sache nennt die französische Literatur „action en revendication" („rei vindicatio", réclamation de la chose")[174].

Unter den „Ansprüchen" im Zusammenhang mit dem Nießbrauch („l'usufruit")[175] führt ein Lehrbuch sogar die römische „actio Pauliana", die Klage gegen Vermögensverschiebungen eines Vollstreckungsschuldners, an[176].

---

[169] Ferid/Sonnenberger, Das französische Zivilrecht, Band 1/1, a. a. O., 1 A 332: „Der Code hat das rechtliche System nicht zur vollen Klarheit entwickelt. Es fehlt beispielsweise an so zentralen Begriffen wie Rechtsgeschäft oder absolutes Recht."

[170] Art. 1134 CC: „De l'effet des obligations"; Mazeaud-Chabas, Leçons de Droit Civil, tome I, Introduction, No. 269: „Les effets des actes juridiques." Den von Ferid/Sonnenberger, a. a. O., 1 C 18., zitierten Begriff der „Elemente" habe ich in der einschlägigen Literatur nicht gefunden.

[171] Ich verweise auf die in FN. 163 von Savigny gebrauchte Formulierung über den Schutz des Eigentums, eines „droit", durch eine „action en justice". Wird auch im französischen Recht die Klage, wie bei v. Savigny, als das „materielle Recht im Zustand seiner Verletzung" aufgefaßt?

[172] Eine Klage ohne subjektives Recht, mithin eine bloße Form des Rechtsschutzes?

[173] „Détention" i.S. des Fremdbesitzes: Art. 2228 CC.

[174] Mazeaud-Chabas, Leçons de Droit Civil, tome II, Biens, No. 1627: „Le droit de propriété, comme tout autre droit, est protégé par une action en justice, qui permet au propriétaire de faire reconnaître et sanctionner son droit."
„Das Eigentumsrecht ist, wie jedes andere subjektive Recht, durch eine Klage geschützt, die es dem Eigentümer erlaubt, sein Recht anerkennen und schützen zu lassen."

[175] Zum Schutz des Nießbrauchers gibt es die „action pétitoire", die Klage aus dem Recht, und die „action possessoire", die Besitzschutzklage (Mazeaud-Chabas, op. cit., no. 1724).

[176] Larroumet, Droit Civil, tome II, Les Biens, 1985, No. 518, in diesem Zusammenhang zum Schutz der Gläubiger eines Nießbrauchers gegen die Aufgabe des Rechts durch Verzicht seitens des Nießbrauchers.

Ein auch dem deutschen Juristen bekannter „Anspruch" trägt im französischen Recht den beziehungsvollen Namen „actio de in rem verso", die „Bereicherungsklage wegen getätigter Verwendungen"[177].

b) Geht die bürgerlich-rechtliche Literatur über den Charakter der „action" m.E. mit zu leichter Hand hinweg, so ist die Prozeßrechtslehre, wohl wegen ihrer Nähe „zur Sache", um eine Klärung des Verhältnisses eines Rechts zum Anspruch auf Justiz bemüht. Auf diesem dogmatischen Gebiet, wo das Aufeinandertreffen der beiden möglichen Sichtweisen nach einer Antwort verlangt, fällt die Übereinstimmung der französischen Doktrin mit den Erörterungen im hiesigen gemeinen Recht über das Verhältnis des subjektiven Rechts zur „action", dem Klagerecht, und die Scheidung der beiden in jüngster Zeit ins Auge. Ich zitiere aus der „Encyclopédie Dalloz, Répertoire Procédure Civile"[178]:

„Pour les auteurs classiques, l'action s'identifierait avec le droit; avoir un droit, avoir une action seraient expressions synonymes; l'action serait le droit envisagé sous son aspect dynamique; pour certains l'existence d'une action serait même le critère du droit subjectif.

En assimilant le droit et l'action, on confond l'action avec le contenu, avec l'objet de la prétention soumise au tribunal. Même lorsque l'action met en jeu la reconnaissance ou la protection d'un droit subjectif, elle ne s'identifie pas avec lui.

La solution adoptée par les rédacteurs du nouveau code de procédure civile[179] adopte une définition claire (Art. 30 CPC) : „*l'action est le droit pour l'auteur d'une prétention, d'être entendu sur le fond de celle-ci, afin que le juge la dise bien ou mal fondée. – Pour l'adversaire, l'action est le droit de discuter le bien-fondé de cette prétention.*"

Art. 31 „*L'action est ouverte à tous ceux qui ont un intérêt légitime au succès ou au rejet d'une prétention, sous réserve des cas dans lesquels la loi attribue le droit d'agir aux seules personnes qu'elle qualifie pour élever ou combattre une prétention ou pour défendre un intérêt déterminé.*"

„In der Anschauung der klassischen Autoren waren das Klagrecht und das private subjektive Recht identisch. Ein Recht besitzen und eine Klage haben, waren synonyme Ausdrücke. Das Klagrecht war das subjektive Recht, betrachtet unter einem dynamischen Blickwinkel. In der Meinung einiger Autoren war die Bekleidung mit dem Klagrecht ein Merkmal des subjektiven Rechts.

Wenn man das subjektive Recht und die Klage einander angleicht, verwechselt man die Prozeßhandlung mit ihrem Inhalt, mit dem Klaggrund, der dem Gericht unterbreitet wird. Selbst wenn die Erhebung der Klage die Anerkennung oder den Schutz eines subjektiven Rechts bezweckt, ist sie mit dem Recht nicht identisch.

---

[177] „Freirechtlich" geschaffen durch die Cour de Cassation im Jahre 1892: Dalloz, Recueil périodique et critique, partie 1er, p. 596.

[178] „Action", 2è édition (1978), Section 1re, Notions Générales, Nature de l'action, nos. 2 - 5. Im gleichen Sinne äußern sich Vincent/Guinchard, Procédure Civile, Chapitre 1, Section 1, „L'action en justice- sa nature."

[179] Institué par le décret du 5 septembre 1975.

### 3. Das englische „writ" – die Klageformel eines nicht-römischen Zivilprozesses

Die Lösung der Verfasser der neuen Zivilprozeßordnung besteht in einer klaren Begriffsbestimmung (Art. 30): *„Das Klagerecht ist das Recht des Klagenden, vom Gericht zum Gegenstand seines Begehrens dahin gehört zu werden, ob dieses begründet oder unbegründet ist. Für den Gegner beinhaltet die Klage die Befugnis, das Rechtsbegehren zu bestreiten."*

(Art. 31): *„Das Recht, eine Klage anzubringen, ist allen denjenigen eingeräumt, die ein rechtliches Interesse an dem Erfolg oder der Abwehr eines Begehrens haben, allerdings vorbehaltlich der Fälle, in denen das Gesetz das Recht der Geltendmachung von Ansprüchen bestimmten Personen zuweist, die es mit der Fähigkeit bekleidet, ein Begehren anzubringen oder abzuwehren oder ein legitimes Interesse zu verteidigen."*

c) Das Eintreten Buchers[180] gegen Ende des 20. Jahrhunderts „Für mehr Aktionendenken" dürfte – auch mit Rücksicht auf die Erkenntnisse der französischen Zivilistik – das Stadium eines wissenschaftlichen Referats nicht überwunden haben. Es ist Bucher zuzugeben, daß zweifelhafte Rechtsfragen mit dem Blick auf „bestimmte Streitlagen", d. h. die Aussichten eines Prozesses, beurteilt werden können[181]. Aber wieviele Kontrahenten sehen sich sogleich in der Lage einer Prozeßpartei? Ist denn die Psychologie eines Rechtsverhältnisses auf den Streit reduziert oder baut sie sich nicht aus vielen Faktoren, darunter die geschäftliche Klugheit, die Rücksicht auf zwischenmenschliche Beziehungen, die finanzielle Stärke und insbesondere „die Nerven" auf?

## 3. Das englische „writ" – die Klageformel eines nicht-römischen Zivilprozesses

### a) Der Begriff des „writ"

In dem Sinne, in dem sich die „actio" des römischen Formularprozesses als eine Prozeßsatzung darstellte: als das vom Prätor anerkannte und in einer Formel zusammengefaßte sachliche Recht und Klagerecht der Partei, die um gerichtlichen Schutz nachsucht, und dem sich anschließenden Befehl an einen Richter, nach Prüfung der Tat- und Rechtsfrage ein stattgebendes oder abweisendes Urteil zu erlassen[182], ist auch der Begriff des englischen[183] „writ" zu verstehen[184]: Das „writ" ist

---

[180] AcP Band 186 (1986), Seite 1 ff., mit der Fußnote „Ausarbeitung des am 30. September 1985 in Passau vor der Vereinigung der Zivilrechtslehrer gehaltenen Referats".

[181] A.a. O., Seite 12.

[182] Oben II., 1. a), Seite 26 ff.

[183] In das amerikanische Recht ist das „writ" schon aus staatsrechtlichen Gründen nicht eingedrungen. Das bürgerliche und das Verfahrensrecht fallen hier weitgehend in die Gesetzgebung der Bundesstaaten, während sowohl die „actio" als auch das „writ" Schöpfungen einer Zentralgewalt gewesen sind: in Rom der Prätoren und in England des Kanzlers. Der US-amerikanische „Black's Law Dictionary" bezeichnet aus diesem Grunde das „writ" als „Instrument in the form of a letter in old english law", p. 1608, zum Stichwort „writ").

[184] „Writ" altenglisch von „written" = geschrieben.

die Beurteilungs- und Verfahrensanweisung des Kanzlers als Vertreter des englischen Königs an ein ihm untergeordnetes Gericht[185]. Hält der Kanzler die Rechtsschutzbitte eines Klägers *im Ausgangspunkt* für gerechtfertigt, weil für sie eine Klageformel zur Verfügung steht, so befiehlt er dem Gericht in einem kurzen, zunächst in lateinischer, sodann in englischer Sprache[186] verfaßten Schriftstück, das geltend gemachte Recht zu prüfen und darüber durch Urteil zu entscheiden.

### b) Die „actio" und das „writ" im Vergleich

Die Verwandtschaft des „writ" mit der „actio", die sich nicht mit einer Nachschöpfung erklären läßt, weil die „writs" eine Schöpfung des national-englischen Charakters sind[187], erschließt sich am besten, wenn man die Klageformeln nebeneinander stellt.

Ich beginne mit der „actio certae creditae pecuniae", der Inanspruchnahme des Darlehensschuldners auf Rückzahlung des erhaltenen Kapitals[188], deren prägnante Formel lautet[189]:

„Si paret Numerium Negidium Aulo Agerio sestertium decem milia dare oportere (iudex condemna)."

„Wenn erwiesen ist, daß der Beklagte Numerius Negidius dem Kläger Aulus Agerius zehntausend Sesterzen zu zahlen hat, verurteile ihn zu dieser Leistung."

Im Vergleich dazu ist die englische Spruchformel des „writ of debt"[190] nicht so konzentriert, vielmehr in dem umständlichen Vulgär-Latein des Mittelalters gefaßt, weil den englische Juristen die brevitas dicendi Romanorum des klassischen Latein abging:[191]

---

[185] Die prägnanteste Begriffsbestimmung findet man in der Schrift von H. Peter, Actio und Writ, a. a. O., Seite 19 - 20 und 51. – Jowitt's Dictionary of English Law, vol 2, p. 1914 bemerkt zum Stichwort „writ": „Writ (lat. breve), a document under the seal of the Crown, a court or an officer of the Crown, commanding the person to whom it is addressed to do or forbear from doing some act ... An original writ was formerly the mode of commencing every action at common law. It issued out of the common law side of the Chancery and was under the Great Seal." Wegen der leichten Verständlichkeit dieses Textes verzichte ich auf eine Übersetzung in die deutsche Sprache.

[186] Dies seit einem Gesetz aus dem Jahre 1731 (Peter, a. a. O., Seite 20, FN. 42).

[187] Peter, a. a. O., Seite 67, mit dem Hinweis auf Pollock and Maitland, The History of English Law: „The most distinctively English trait of our medieval law ...".

[188] Die Verzinsung mußte durch ein formstrenges Versprechen, die sog. stipulatio, versprochen werden, und bedurfte zur gerichtlichen Geltendmachung einer besonderen Formel.

[189] Oben II. 1. c) bb) (2), Seite 32.

[190] Wiedergegeben nach Peter, a. a. O., Seite 24.

[191] Man vergleiche: „Et praedictus A. fecerit te securum de clamore suo prosequendo" mit „Si paret ...".

### 3. Das englische „writ" – die Klageformel eines nicht-römischen Zivilprozesses

„Rex vicecomiti salutem. Praecipe X. quod iuste et sine dilatione reddat A. centum libras quas ei debet (et inuste detinet), ut dicit. Et nisi fecerit (et praedictus A. fecerit te securum de clamore suo prosequendo) tunc summone eum per bonos summonitores quod sit coram iusticiariis nostris apud Westmonasterium (tali die) ostensurus quare non fecerit. Et habeas ibi summonitores et hoc breve..."

„Der König entbietet dem Grafen seinen Gruß. Befiehl dem X., er möge dem A. vollständig und ohne Verzögerung die einhundert Pfund zurückzahlen, die er ihm nach Behauptung des A. schuldet und unrechtmäßig vorenthält. Wenn X dem nicht nachkommt und dich A von dem zu verfolgenden Anspruch überzeugt hat, lade X. durch zuverlässige Gerichtsboten, daß er vor unseren Richtern am Gerichtstag zu Westminster seine Weigerung rechtfertige. Und halte daselbst die Gerichtsboten und dieses Schreiben zu deiner Verfügung."

Der Eindruck geringerer Konzentration leitet sich nicht nur aus der Formulierung des hier wiedergegebenen „writ of debt", sondern auch aus dem eingeschlagenen Verfahren des Kanzlers her. Denn während der römische Prätor die actio erst nach Anhörung des Beklagten erteilte, sie also aus prozessualen Gründen[192] verweigern oder wegen eines Gegenrechts des Beklagten mit dem Vorbehalt der „exceptio" versehen konnte[193], erhielt der Kläger das „writ" auf seinen einseitigen Vortrag hin[194], mit der Folge, daß die Erörterung liquider Einreden seines Gegners unterblieb; der heutige deutsche Jurist spräche hier von fehlender „Prozeßökonomie".

#### c) Der beherrschende Einfluß des „writ"

Ist es zutreffend, um den hier leitenden Gedanken der „doppelten", d. h. der gerichtlichen und der mit gleichem Gewicht neben ihr stehenden außergerichtlichen Ordnung der Rechte *auf eine Leistung*[195] wiederaufzunehmen, daß sich in der Existenz der „writs" nur eine auf den Prozeß beschränkte Sicht ausdrückte? Oder verbanden sich in den „writs" das sachliche Recht *auf eine Leistung* und

---

[192] Dargestellt bereits oben, FN. 78. In Frage kamen die fehlende Gerichtsgewalt des Prätors, möglicherweise auch, daß bereits eine rechtskräftige Entscheidung „de eadem re" vorlag.

[193] Beispielsweise die „exceptio pacti", der Einwand der Stundung oder des Erlasses: „Si inter Aulum Agerium et Numerium Negidium non convenit, ne ea pecunia peteretur." „Sofern nicht zwischen dem Kläger und dem Beklagten ein Ausschluß der Klagbarkeit vereinbart worden ist."

[194] Peter, a. a. O., Seite 28 - 29.

[195] Auf die Tatsache, daß weite Teile des Privatrechts, beispielsweise die Normen über die Rechts- und Geschäftsfähigkeit, die Form und den Abschluß von Verträgen, nicht in die „actiones" aufgenommen wurden, ist bereits oben II. 1. d) aa), Seite 35, hingewiesen worden. Daß es mit den „writs" nicht anders steht, zeigt deren Fassung als Formular der Klage auf eine *Leistung*.

das Klagerecht mit solcher Ausschließlichkeit, daß der englische Jurist des Mittelalters bis hinein in das 18. Jahrhundert behaupten durfte: „Ubi remedium ibi ius." „Nur dort, wo ein Rechtsbehelf gegeben ist, darf man von einem Recht sprechen"?[196]

> Für eine am Prozeß aufgebaute Ordnung der rechtlichen Beziehungen zwischen den Bürgern spricht das damalige „Studium" der Rechte[197], über das sich ein englischer Historiker so ausläßt[198]:
> 
> „Legal remedies, legal procedure, these are the all-important topics for the student. These being mastered, a knowledge of substantive law will come to itself. Not the nature of rights, but the nature of writs, must be his theme. The scheme of the „original writs" is the very skeleton of the Corpus Juris. So thought our forefathers."
> 
> „Rechtsbehelfe und Prozeßrecht sind die wichtigsten Gegenstände des Lernens. Werden sie beherrscht, so folgt die Kenntnis des materiellen Rechts von selbst. Nicht die Eigenart der Rechte, sondern die der writs muß Gegenstand des Lernens sein. Das System der prozeßeröffnenden writs ist das eigentliche Gerüst des Privatrechts. So jedenfalls dachten unsere Vorväter."

### d) Die einseitige Wirkungsweise des „writ"

aa) Die gerichtliche Verfolgbarkeit eines Rechts entscheidet über dessen Anerkennung – läßt man diese von dem englischen Rechtshistoriker vertretene These auf sich wirken, meldet sich sogleich der Widerspruch: Gibt es denn nur die *gerichtliche* Regelung zweifelhafter oder gar bestrittener Rechtsverhältnisse? Zugegeben: Im *äußersten* Falle entscheidet der nicht immer aussichtsreiche Gang zum Gericht.[199] Aber den Zusammenhang zwischen Recht (in den konkreten Beziehungen der Parteien zueinander) und Gericht ohne Rücksicht auf flexiblere Mittel der Durchsetzung bejahen, hieße doch der Klugheit und insbesondere geschäftlichen Gewandtheit der Bürger ein schlechtes Zeugnis ausstellen. Man überlege die These: Wenn der Kontrahent nicht (auf der Stelle?) leistet, was sein „Partner" von ihm fordert, ruft der „Partner" den Richter an; mit der Folge, daß sich der Kontrahent in einen Gegner verwandelt. Ist dieses Vorgehen zwischenmenschlich und

---

[196] Holdsworth, History of English Law, vol. II, p. 456 - 57.

[197] Die Ausbildung war ausgesprochen praktisch, da ganz und gar auf die spätere Tätigkeit als ein vor Gericht plädierender Anwalt zugeschnitten. Die juristische Rhetorik und der mündliche Vortrag standen im Vordergrund. Ergänzt wurden sie durch die Beobachtung von Gerichtsverhandlungen in Westminster und dem Üben der Verhandlungsführung in der Form von gestellten Prozessen, den „moots" (Frauke Rawert, Die Zweiteilung der englischen Anwaltschaft, 1993, Seite 40).

[198] Frederic William Maitland, The History of the Register of Original Writs, in: Collected Papers, vol. II, p. 110.

[199] Man bedenke die Schwierigkeit einer Beitreibung, wo nichts zu holen ist!

### 3. Das englische „writ" – die Klageformel eines nicht-römischen Zivilprozesses 53

rechtlich gesehen anzuraten, wo doch die übereilte Anrufung eines Richters den Widerstand des Beklagten nur noch verstärkt?[200]

Und weiter: Selbst wenn der Gang zum Gericht die ultima ratio der Regelung von Rechtsverhältnissen bleiben wird, solange ein Gemeinwesen über eine vom Vertrauen der Bürger getragene Justiz verfügt,[201] – aus welcher Quelle schöpfen die Richter ihre Erkenntnisse, aus denen dann wieder „Rechts"sätze erwachsen: Nur aus der eigenen Einsicht oder nicht *auch* aus den ihnen von den Parteien berichteten Regeln des Verkehrs?

bb) Wie einseitig und verkürzt die rein prozessuale Sicht und mit ihr zugleich die Betrachtung von Rechtssätzen aus dem Gesichtspunkt der „writs" ist, mag ein Abschnitt aus Blackston's „Commentaries on the Laws of England" über Verbindlichkeiten aus der Zeichnung eines Wechsels erweisen[202]. Dort wird zunächst die *Funktion* eines Wechsels so beschrieben:

> „A Bill *of exchange* is a security, originally invented among merchants in different countries, for more easy remittance of money from the one to the other, which has since spread itself into almost all pecuniary transactions. It is an open letter of request from one man to another, desiring him to pay a sum named therein to a third person on his account; by which means a man at the most distant part of the world may have money remitted to him from any trading country".

> „Der Wechsel, in seiner Grundgestalt erfunden von Kaufleuten in verschiedenen Ländern, ist ein sicheres Instrument der leichten Übermittlung einer Geldsumme, das Eingang in alle finanziellen Bewegungen gefunden hat. Er ist seinem Wesen nach ein offener Brief des Ausstellers an den Bezogenen, der den Bezogenen auffordert, eine bestimmte Summe an eine dritte Person, den Empfänger, auf Rechnung des Ausstellers zu zahlen, so daß dem Empfänger, auch wenn er in einem entfernten Erdteil wohnt, Geld aus jedem Gebiet zugeleitet werden kann, wo man Handel treibt":

---

[200] Sally Wheeler and Jo Shaw, Contract Law, Cases Materials and Commentary, chapter 14, p. 794: „It is unlikely that a contractor will ever take steps to commence legal proceedings the moment a problem arises under his or her contract, and consequently non-legal sanctions, even where there are not the only sanctions used, are the logical precursors of the legal sanctions. Parties will almost always try to negotiate with a contract-breaker or seek to persuade her to perform her promise, perhaps using threats not to deal with her again or threats to her trade reputation."

„Es ist unwahrscheinlich, daß eine Vertragspartei Schritte, einen Prozeß zu beginnen, in dem Augenblick ansteuert, in dem die Vertragserfüllung problematisch wird. Folgerichtig sind außergerichtliche Mittel („non-legal sanctions"), selbst wenn andere Möglichkeiten zur Verfügung stehen, die logischen Vorläufer gerichtlich-gesetzlicher Sanktionen. Fast immer werden die Parteien versuchen, mit dem vertragsbrüchigen Teil zu verhandeln oder ihn davon zu überzeugen, das gegebene Wort zu erfüllen, möglicherweise mit der Drohung, mit ihm nicht mehr abzuschließen oder mit Anspielungen auf den Verlust der kaufmännischen Ehre."

[201] Ein Umstand, der in der Bundesrepublik Deutschland Anlaß zu Zweifeln gibt.

[202] Vol. 2, 16 th edition, Chapter 30, p. 466 et seq.

## II. Die römische „actio" und das englische „writ"

Zur *Geschichte* des Wechsels wird ausgeführt:

„This method is said to have been brought into general use by the Jews and Lombards, when banished for their usury and other vices; in order the more easily to draw their effects out of France and England into those countries in which they had chosen to reside. But the invention of it was a little earlier; for the Jews were banished out of Guienne in 1287, and out of England in 1290; and in 1236 the use of paper credit was introduced into the Mogul empire in China[203]."

„Dem Vernehmen nach ist diese Methode der Geldübermittlung durch die Juden und die Lombarden zur allgemeinen Übung erhoben worden, als man ihnen das Zinsnehmen und andere Laster („vices") verbot und sie nun ihre Vermögenswerte aus Frankreich und England in die Länder transferierten, die sie zu ihrem Wohnsitz wählten.

In Wirklichkeit muß die Erfindung schon früher getätigt worden sein, weil die Juden 1287 aus der französischen Provinz Guienne und 1290 aus England vertrieben wurden, der Gebrauch eines Kreditbriefs aber schon 1236 in das Reich des Großmoguls von China eingeführt worden ist."

In seinem sinnreichen Aufbau verknüpft der Wechsel mehrere Rechtsverhältnisse, die bei Annahme durch den Bezogenen („drawee") bzw. der zurückgewiesenen Annahme oder späterer Nichteinlösung des angenommenen Papiers in Ansprüche auf Zahlung übergehen. Hören wir dazu Blackstone's „Commentaries of the Laws of England"[204]:

„If the drawee accepts the bill, either verbally or in writing, he then makes himself liable to pay it; this being now a contract on his side, grounded on an acknowledgement that the drawer has effects in his hands, or at least credit sufficient to warrant the payment."

If the drawee refuses to accept the bill ... the payee or indorsee may protest it for *non-acceptance*.

But, in the case such bill be accepted by the drawee, and after acceptance he fails or refuses to pay it within three days after it becomes due (which three days are called days of grace), the payee or indorsee is then to get it protested for *non-payment*.

„Wenn der Bezogene den Wechsel mündlich oder schriftlich akzeptiert[205], begründet er eine ihn treffende Zahlungspflicht. Der Annahmevertrag gründet sich auf das Anerkenntnis, daß der Aussteller über Vermögenswerte verfügt, die ihm der Bezogene geleistet hat oder daß ihm ein Kredit eingeräumt wurde, der die Zahlung durch den Bezogenen ausreichend deckt[206].

---

[203] Hier ist dem Verfasser ein historischer Irrtum unterlaufen: Das Reich des Großmoguls bestand in Indien und nur dort; im 13. Jahrhundert herrschte in China die Sung-Dynastie.

[204] Loc. cit.

[205] Das heutige deutsche Recht kennt nur die schriftliche Annahme: Art. 25 WG.

[206] In diesen Formulierungen kommt die Notwendigkeit einer „consideration" (einer „Gegenleistung") zum Ausdruck: Das englische Recht unterscheidet den klagbaren Vertrag von einer sittlichen Bindung dadurch, daß das Versprechen des einen Teils seine rechtliche Bekräftigung in dem Versprechen bzw. der Hingabe der Gegenleistung des anderen Teils findet: Cheshire and Fifoot's Law of Contract, part II, Formation of Contract, p. 65 et seq.: „Consideration the price of the promise."

### 3. Das englische „writ" – die Klageformel eines nicht-römischen Zivilprozesses 55

Weigert sich der Bezogene, den Wechsel anzunehmen, so darf der Nehmer oder derjenige, der durch Indossament Gläubiger geworden ist, Protest wegen Nichtannahme erheben.

Hat der Bezogene dagegen den Wechsel angenommen, der nicht innerhalb von drei Tagen nach Fälligkeit eingelöst wird (eine Frist, die man als „Respektfrist" bezeichnet), so darf der Nehmer oder sein Nachmann kraft eines Indossaments Protest mangels Zahlung erheben."

Den hier beschriebenen Mechanismus des Wechsels macht Blackstone an dem Beispiel klar, daß der Aussteller in England lebt, sein Schuldner, der Bezogene, auf Jamaica, und sich der Aussteller die Schuldsumme durch einen Wechsel beschafft, den er einem Geschäftsfreund übergibt, der im Begriff ist, nach Jamaica zu reisen[207].

Der Geschäftsfreund zahlt dem Aussteller die Schuldsumme, die er alsdann in Gestalt der im Wechsel verbrieften Zahlungsanweisung[208] dem Bezogenen präsentiert.

Das Beispiel der „bill of exchange", gezogen auf einen Schuldner mit dem Wohnort auf Jamaica, verdeutlicht sprechender als rechtstatsächliche Untersuchungen, wie unzulänglich die Verknüpfung eines subjektiven Rechts mit einem das Recht gutheißenden „writ" ist.

Denn: Ob am Anfang des Wechselrechts ein „writ" des königlichen Kanzlers gestanden hat, ist nicht zu ergründen, der Bericht Blackstone's über die Geschichte der „bill of exchange" läßt daran zweifeln.

Und weiter: Wenn in dem gegebenen Beispiel der Bezogene auf Jamaica die „bill of exchange" nicht annahm oder nach Annahme nicht einlöste, wandte sich der Inhaber des Wechsels mit dem Rückgriff an den Aussteller oder etwaige Indossanten („indorser")[209]. Es mag sein, daß am Ende einer solchen Kette der Nehmer einen „writ of debt" beantragte, um gegen den Aussteller vorzugehen. Gab es im *kaufmännischen Verkehr – ganz allgemein gesehen*[210] – nicht aber intelligentere Mittel, um Forderungen durchzusetzen: den drohenden Verlust der Kreditwürdigkeit und des kaufmännischen Ansehens, die Drohung mit der Aufsage des Vertrages („termination")[211] oder dem Abbruch der geschäftlichen Beziehungen insge-

---

[207] Blackstone, p. 466.

[208] Blackstone spricht von einem „letter of request".

[209] Die Blackstone als Mithaftende ebenfalls aufführt: „For each indorser is a warrantor for the payment of the bill" (p. 469). „Denn jeder Indossant haftet als Garant für die Einlösung des Wechsels."

[210] D. h. nicht nur mit Beschränkung auf Wechselforderungen!

[211] Sally Wheeler and Jo Shaw, supra n. 186, loc. cit., chapter 13, p. 765: „Fear of termination provides the defendant with a powerful incentive not to commit a serious breach because the loss which termination may impose on the defendant can greatly exceed any damages recoverable by the plaintiff:" „Die Besorgnis vor der Aufsage des Vertrages ist für den Schuldner ein Ansporn, keine ernsthaften Vertragsverletzungen zu begehen, weil der Verlust, den die Vertragsbeendigung ihm gegebenenfalls zufügt, den Schadensersatzanspruch des Gläubigers bei weitem übersteigen kann."

samt, die Zurückhaltung anderer Leistungen („right of lien"), die Aufrechnung mit Gegenforderungen („set-off"), die Verwertung gegebener Sicherheiten („realising securities")?[212] Ist nicht, wiederum ganz allgemein gesehen, die geschäftliche und menschliche Ächtung eines vertragsbrüchigen Kontrahenten ein wirksamerer Ansporn zur Redlichkeit als die Furcht vor dem Richter?[213]

Praktisch aussichtslos war die Anrufung des Kanzlers, falls der Nehmer des Wechsels nicht nach England zurückkehrte, sondern auf Jamaica verblieb.

Gesetze aus den Jahren 1832 und 1833 verbannten die writs aus dem Rechtsleben[214]. Die Einsicht, daß die Dynamik und die Vielfalt der Formen des Geschäftsverkehrs nach immer neuen writs verlangten, weil sich die einmal geschaffenen Klageformeln als zu starr erwiesen und dem Kläger überdies bei Wahl eines unrichtigen writ eine Falle stellten[215], kommt in dem Gesetz vom 23. Mai 1832 *andeutungsweise* zum Ausdruck:

„Whereas the Process for the Commencement of Personal Actions in his Majesty's Superior Courts of Law at *Westminster* is, by reason of its great Variety and Multiplicity, very inconvenient in Practice[216], That the Process in all such Actions commenced in either of the said Courts ... shall be according to the Form contained in the Schedule to this Act annexed marked

No. 1 ... and shall be called a Writ of Summons..."

„In Anbetracht des Umstandes, daß die Einleitung eines Zivilprozesses für persönliche Klagen bei des Königs Höheren Gerichten zu Westminster wegen der großen Verschie-

---

[212] Die Mittel außergerichtlicher Durchsetzung von Rechten beschreiben Sally Wheeler and Jo Shaw, loc. cit., chapter 13, p. 765, chapter 14, p. 800 s.: „Self-Help Remedies", sowie Geoffrey Samuel and Jac Rinkes, Law of Obligations and Legal Remedies, p. 99, 6: „Self-Help Remedies", „Mittel der außergerichtlichen Befriedigung von Ansprüchen".

[213] Sally Wheeler and Jo Shaw, loc. cit., chapter 14, p. 796: „For inducing the performance of a contract, the fear of the credit man and the fear of a customer who can take his business elsewhere are for many persons spurs more poignant than the fear of the sheriff ...".
„Als ein Mittel, die Vertragserfüllung zu erzwingen, sind die Furcht vor dem Gläubiger oder vor einem Kunden, der sich einen anderen Vertragspartner sucht, schärfere Sporen als die Furcht vor dem Gericht."

[214] Act for Uniformity of Process in Personal Actions in His Majesty's Courts of Law at Westminster of the 23rd May 1832, in: The Statutes of the United Kingdom of Great Britain and Ireland, the twelfth volume, chapter 39, p. 704, and Act for the Limitation of Actions and Suits relating to Real Property, and for simplifying the Remedies for trying the Rights thereto of the 24 th July 1833, in: The Statutes of the United Kingdom of Great Britain and Ireland. the thirteenth volume, chapter 27, p. 72.

[215] Er verlor den Prozeß, bevor er sich überhaupt entwickelt hatte!

[216] Ein sprechend-abschreckendes Beispiel geben die im Act for the Limitation of Actions and Suits relating to Real Property vom 24. Juli 1833 aufgeführten writs for „Real and mixed actions": „Writ of Right Patent", „Writ of Right Quia dominus remisit curiam", „Writ of Right in capite", „Writ of Right in *London*", „Writ of Right Close", „Writ of Right de rationabili parte" etc. insgesamt 60 (!) Klageformeln.

denheit und Vielzahl der Writs die Gerichtspraxis behindert, soll das Verfahren in allen Klagesachen vor den erwähnten Gerichten nur noch nach der Form stattfinden, wie sie Muster Nummer 1 im Anhang dieses Gesetzes vorschreibt; diese Form soll „Ladung" („Writ of Summons") heißen..."[217]

## 4. Die römische „actio" und das englische „writ" als bloße Programme eines Rechtsstreits

Die von dem römischen und dem englischen Gerichtsherren dem Kläger gewährten Formeln vereinigen zwar, wie gezeigt, das geltend gemachte Recht auf eine Leistung und das dafür vorgesehene „Programm" des Rechtsstreits. Diese Verbindung bewirkt jedoch nur eine äußere Konzentration des Prozeßstoffs und -programms; lassen sich doch in den Formeln das materielle Recht, das der Kläger für sich in Anspruch nimmt, und die Verfahrensanweisungen des Gerichtsherren an den unteren Richter deutlich unterscheiden[218].

Auch das Denken in Aktionen und Writs, wonach das private subjektive Recht auf eine *Leistung* mit seiner Durchsetzung im Gerichtswege steht und fällt, erwies sich als einseitig: Denn die Ordnung der subjektiven Rechte allein nach den Möglichkeiten der Klage, des Urteils und der Zwangsvollstreckung steht unter praktisch unerfüllbaren Voraussetzungen, weil nur für *wenige* unter ihnen ein gerichtlicher Schutz erbeten und gewährt werden kann, vergleicht man sie mit der millionenfachen Zahl der Ansprüche und Forderungen, die im täglichen Leben geltend gemacht und erfüllt werden. Müßte jeder Gläubiger wegen jeder Forderung den Schuldner vor Gericht ziehen – das Gemeinwesen bräche innert kurzer Zeit zusammen![219] Die unzulängliche Gleichsetzung des Rechts auf eine Leistung mit der da-

---

[217] „We command you (*or as before or often we have commanded you*) that within Eight Days after the Service of this Writ on you, inclusive of the Day of such Service, you do cause an Appearance to be entered for you in Our Court of..., in an Action on Promises (*or as the Case may be*), at the Suit of A. B. ...".

„*Wir befehlen dir (oder wie wir bereits einmal oder wiederholt dir befohlen haben), dich innerhalb von acht Tagen nach Zustellung dieser Ladung, eingerechnet den Tag der Zustellung, bei unserem Gericht zu melden, damit eine mündliche Verhandlung über die Klage des A. B. auf Erfüllung eines Vertrages (oder was der Gegenstand des Rechtsstreits sonst sein mag) anberaumt werden kann...*".

[218] Ich verweise auf das oben zu FN 190 gegebene Beispiel des „writ of debt" über die Rückzahlung eines Darlehens: „Praecipe X. quod iuste et sine dilatione reddat A. centum libras quas ei debet (et inuste detinet), ut dicit ... Et nisi fecerit (et praedictus A. fecerit te securum de clamore suo prosequendo) tunc summone eum ...".

[219] Auch die aus dem Strafrecht bekannte Generalprävention: die Erziehung von Tausenden von Bürgern durch Bestrafung *eines* Übeltäters dürfte sich dann als wirkungslos erweisen.

für vorgesehenen Klage ließ sich an den praktischen Hindernissen aufweisen, die jeder Rechtsstreit aufwirft: Der Prozeß um ein nicht erfülltes Recht ist *zwischenmenschlich* das letzte Mittel einer Auseinandersetzung, er erfordert eine annähernde wirtschaftliche und bürgerliche Gleichheit der Parteien[220], die finanziellen und nervlichen Kräfte, den Rechtsstreit zu führen, in vielen Fällen eine sachkundige Vertretung und - *vor allem* - die Erhärtung eines Anspruchs durch Beweise.

Neben dem unvollkommenen Rechtsschutz, den der Staat gewährt, tritt daher mit Notwendigkeit die Durchsetzung des eigenen Standpunkts durch Protest und eigene Macht, die weder das bürgerliche noch das Prozeßrecht zu unterdrücken vermögen, zumal da diese Ordnungen selbst Instrumente dieser Macht wie die Zurückbehaltung oder die Aufrechnung, ausdrücklich gutheißen. In einem keineswegs engen Rahmen, so darf man zusammenfassend feststellen, darf ein Gläubiger den säumigen Schuldner mit den ihm verfügbaren Kräften, den erwähnten „selfhelp remedies"[221], unter Druck setzen: Weder im römischen Imperium noch in dem Vereinigten Königreich haben allein die Gerichte das bürgerliche Recht verteidigt und bewährt.

Die Einseitigkeit der aktionenrechtlichen oder prozessualen Denkungsweise hat, wie bereits hier angedeutet sei, ein philosophisches Fundament: Das „Recht" ist nach dieser Auffassung im letzten Grunde eine durch die *Macht des Staates oder eines rechtsetzenden Verbandes*[222] verbürgte Ordnung[223], der sich die Bürger wegen des angedrohten Zwanges unterwerfen. Aber ist es nicht zuallererst die *Klugheit und Sittlichkeit* und nur im alleräußersten Falle der (oft sehr schwache!) Arm des Staates, die uns die Gesetze halten lassen[224]?

---

[220] Der römische Mieter, insbesondere der Inhaber einer Mietwohnung, genoß als bloßer „detentor" keinen gerichtlichen Besitzschutz gegen den „locator", den Vermieter (oben FN. 134)!

[221] Sally Wheeler and Jo Shaw, Geoffrey Samuel and Jac Rinkes, oben Seite 55, FN. 212.

[222] Beispielsweise einer Kommunalgemeinde.

[223] Binder, Recht und Macht, a. a. O., Seite 17: „Das Recht ist wesentlich und notwendig Macht", aber diese wurzelt, so fügt Binder im Bewußtsein der Härte und Unbedingtheit dieser Aussage hinzu, „im sozialen Bewußtsein", das ist der Verstricktheit des Einzelnen in der ihn umgebenden Gemeinschaft, „und der sittlichen Vernunft" (Seite 20).â

[224] Zu dieser Frage äußert sich Platon, NOMON (Gesetze), Buch IV, 718 a: „Ἃ δὲ πρὸς ἐκγόνους καὶ συγγενεῖς καὶ φίλους καὶ πολίτας, ὅσα τε ξενικὰ πρὸς θεῶν θεραπεύματα καὶ ὁμιλίας συμπάντων τούτων ἀποτελοῦντα τὸν αὑτοῦ βίον φαιδρυνάμενον κατὰ νόμον κοσμεῖν δεῖ, τῶν νόμων αὐτῶν ἡ διέξοδος, τὰ μὲν πείθουσα, τὰ δὲ μὴ ὑπείκοντα πειθοῖ τῶν ἠθῶν βίᾳ καὶ δίκῃ κολάζουσα, τὴν πόλιν ἡμῖν συμβουληθέντων θεῶν μακαρίαν τε καὶ εὐδαίμονα ἀποτελεῖ."

„Im Hinblick auf die Pflichten gegenüber unseren Nachkommen, gegen die Freunde und Bürger sowie die Dienste, die wir nach dem Gebot der Götter den Fremden schuldig sind, und die Pflichten im Umgang mit ihnen allen, durch deren Erfüllung man das eigene Leben den Gesetzen gemäß heiter machen und verschönern soll, so wird deren Darstellung unsere Polis, sei es durch Überzeu-

gung, dort aber, wo Überzeugung nicht hilft, durch Züchtigung mit Gewalt und gerechter Strafe unter Zustimmung der Götter, glücklich und wohlhabend machen."
  Dem Verhältnis von Recht und Macht widmet sich in der Gegenwart überzeugend H. Henkel, Einführung in die Rechtsphilosophie, a. a. O., § 11 II 3 a (Seite 121): „Die Rechtssätze als Bestimmungsnormen sind in diesem Sinne (d. h. einer freiwilligen Befolgung von Pflichten) als Appell an die vernunftmäßige Einsicht der von ihnen Angesprochenen zu verstehen."

## III. Die doppelte Rechtsordnung in der Gegenwart: Rechtsdurchsetzung außerhalb der Gerichte

### 1. Die Verkürzung des Rechtsschutzes vor den bürgerlichen Gerichten

Die *ununterbrochene Verkürzung des Rechtsschutzes* in den jedermann angehenden bürgerlichen Streitigkeiten, verfügt durch sogenannte Entlastungsgesetze, ist ein erstes Indiz für den geringer werden Einfluß der Gerichtsbarkeit, über dessen Beweiskraft sich wegen der gesetzlichen Regelung nicht streiten läßt. Die Verkürzung der Entscheidungsmacht, in den technischen Begriffen des Zivilprozeßrechts ausgedrückt, der funktionellen und sachlichen Zuständigkeit der bürgerlichen Gerichte, vollzieht sich seit dem ersten Eingriff des Jahres 1905 zu Lasten der sachlichen Zuständigkeit des Reichsgerichts und seines Verfahrens[225] in Sprüngen, die den unberechenbaren Einfluß der Justizpolitik des Reiches und der Einsparungen unter dem Zwang von zwei Weltkriegen und Geldentwertungen widerspiegeln. Da sich über die Jahrzehnte hinweg eine kontinuierliche Linie nicht finden läßt, beginne die Darstellung mit der Zivilprozeßordnung des Jahres 1950, als das Gesetz zur Wiederherstellung der (bundesdeutschen) Rechtseinheit[226] die bürgerlichen Verfahrensordnungen, die sich in den damaligen Besatzungszonen verschieden entwickelt hatten, wieder zusammenführte.

Die Wertgrenze für die sog. sachliche Zuständigkeit des Amtsgerichts in vermögensrechtlichen Streitigkeiten belief sich 1950 auf 1.000 DM, sie liegt im Augenblick bei der *zehnfachen* Summe (§ 23I, Nr. 1 GVG)[227]. Streitigkeiten mit einem Wert unter dieser Grenze können nach der heutigen Justizverfassung nur durch den *Einzelrichter des Amtsgerichts* und, *falls* eine Berufung eingeräumt ist, nur durch das Landgericht, mithin nur ein „mittleres", jedoch kein Ober- oder höheres Gericht, entschieden werden.

Für die landgerichtliche Zivilkammer galt 1950 das Prinzip der kollegialen Besetzung, seit 1993 das des *Einzelrichters* (§ 348I ZPO)[228].

---

[225] Erhöhung der sog. Revisionssumme von 1.500 (Gold-)Mark auf 2.500 (Gold-)Mark, Einführung des Begründungszwanges in Revisionssachen und durchgreifende Beschränkung der Beschwerde gegen Beschlüsse der Oberlandesgerichte durch Gesetz vom 5. 6. 1905 (RGBl. S. 536).

[226] Vom 12. 9. 1950 (BGBl. Seite 455).

[227] In der Fassung des Gesetzes zur Entlastung der Rechtspflege vom 11. 1. 1993 (BGBl. I, Seite 50).

## 1. Die Verkürzung des Rechtsschutzes vor den bürgerlichen Gerichten 61

Die Berufungssumme, d. h. der sog. Wert des Beschwerdegegenstandes[229], stieg von 50 DM auf das *Dreißigfache,* sie liegt gegenwärtig bei einer unteren Grenze von 1.500, 01 DM (§ 511 a ZPO)[230].

Die Revisionssumme in vermögensrechtlichen Streitigkeiten, die den Zugang zum Bundesgerichtshof eröffnet, erhöhte sich ihrerseits auf das *Zehnfache;* sie nahm 1950 ihren Ausgang bei 6.000 DM und erreichte 1990 den im Augenblick geltenden *zehnfachen* Betrag von mehr als 60.000 DM (§ 546 I ZPO)[231]. Der gerechte Vergleich der Rechtsmittelvoraussetzungen darf allerdings nicht die außerdem gewährte Anrufung des obersten Zivilgerichts kraft einer *zugelassenen* Revision außer Acht lassen (§ 546 I ZPO). Diese Variante des Rechtsmittels besteht unverändert seit 1950[232]; sie wird sich wegen des Bestrebens der Gesetzgebung, den Bundesgerichtshof nur noch über „Rechtssachen von grundsätzlicher Bedeutung" entscheiden zu lassen, immer mehr in den Vordergrund schieben.

Die Verkürzung des Rechtsschutzes schlägt sich nicht zuletzt in der sog. *„Entformalisierung"* des Verfahrens vor dem Amtsgericht nieder (§ 495 a ZPO – sog. „Bagatell-" oder „Schiedsurteilsverfahren"). Eingeführt bereits 1924, beibehalten 1950, aufgehoben 1976 und wieder eingeführt 1990, befreit sie den Richter am Amtsgericht von den vermeintlichen Fesseln eines formstrengen Verfahrens[233]. Aufschlußreich ist auch hier die vielfache, genauer 24fache Erweiterung des Anwendungsbereichs: Vorgesehen unter dem Gesichtspunkt der Verhältnismäßigkeit von Aufwand und Ertrag war ihm eine Grenze von ursprünglich 50 DM gesetzt, gegenwärtig dürfen Rechtsstreitigkeiten mit einem Wert bis zu *1.200 DM* beispielsweise von der Fessel einer mündlichen Verhandlung, einer förmlichen Beweisaufnahme (die durch die schriftliche Befragung von Zeugen ersetzt werden darf ) und eines formrichtig und penibel verfaßten Urteils befreit werden.

Eine den Kundigen bewegende Prognose gab die frühere Berliner Senatorin für Justiz in einem Zeitungsinterview, welches das Blatt mit der Überschrift versah: „Sparzwang: Recht und Gesetz für Berlin bald unbezahlbar?"[234]

---

[228] In der Fassung des bereits zitierten Gesetzes zur Entlastung der Rechtspflege vom 11. 1. 1993.

[229] Diesen Wert bestimmt einerseits die Beschwer durch das Urteil der ersten Instanz, andererseits die mit dem Berufungsantrag erstrebte Korrektur des angefochtenen Urteils.

[230] Dies wiederum nach dem Gesetz zur Entlastung der Rechtspflege vom Jahre 1993. Man beachte die Textfassung des § 511 a I ZPO, nach der die *zulässige* Berufung einen 1.500.- DM *übersteigenden* Wert des Beschwerdegegenstandes voraussetzt.

[231] In der Fassung des Rechtspflege-Vereinfachungsgesetzes vom 17. 12. 1990 (BGBl. Seite 2847).

[232] Eingeführt durch das Gesetz zur Wiederherstellung der Rechtseinheit vom 12. 9. 1950 (BGBl. Seite 455 / 475).

[233] Ich verweise auf die peniblen Untersuchungen von Rottleuthner, „Entlastung und Entformalisierung", Festschrift für Egon Schneider, a. a. O. Seite 25 / 34 ff., und Entlastung durch Entformalisierung? (1997).

[234] „Berliner Morgenpost" vom 8. September 1997: Unter den für 1998 geplanten Kürzungen des Justizetats um fünf Millionen von 1,115 auf 1,110 Milliarden DM leide die Rechtspflege. Wenn es nicht gelinge, Arbeitsabläufe durch verstärkten Einsatz der Informationstechnik zu verbessern, dann sei zu befürchten, „daß wir es nicht mehr schaffen, Rechtsgewährung für jedermann zu gewährleisten." Bei den Sachmitteln könne die Justiz kaum noch sparen, weil die Ausgaben etwa für Porti nicht gesenkt werden könnten. Die Einsparun-

III. Die doppelte Rechtsordnung in der Gegenwart

Wäre es unter den geschilderten Verkürzungen des Rechtsschutzes nicht allzu natürlich, wenn überlegte Parteien den Gang zum Gericht nur im Notfall wagen und sich lieber ihrer selbst gewählten („doppelten") Rechtsordnung überlassen?

Die zitierte (penible) Untersuchung von Rottleuthner über die Entlastung gerade der Gerichte erster Instanz durch „Entformalisierung" schließt mit einer m. E. sich immer mehr bewahrheitenden Prognose[235]:

„So wie sich als Alternative zur Polizei immer mehr private Sicherheitsdienste anbieten, wäre als Ersatz für die staatliche Zivilgerichtsbarkeit eine Privatisierung der Konfliktaustragung zu antezipieren, von einer Verstärkung der privaten Schiedsgerichtsbarkeit bis zu einer Art von Mafia-Justiz, die sich um die Schuldeintreibung kümmert.

Die staatliche Justiz wäre entlastet – um den Preis von rechtsstaatlichen Garantien und demokratischen Strukturen."

## 2. Die Prozeßvermeidung als Ziel der Rechtspolitik

### a) Die gesetzlich vorgesehene Schlichtung

Wenn Kontrahenten den Gang zum Gericht nur als letzten Ausweg betrachten, liegt es nahe, daß der Gesetzgeber diese sich aus Vernunft und Mißtrauen bildende Einstellung aufgreift, um die Justiz von rechtstherapeutischen Aufgaben zu befreien, die sie wegen ihrer Bindung an eine starre Verfahrensordnung und ihrer im Prinzip rigiden Entscheidung[236] zwischen „Recht und Nicht-Recht" oder „Sieg und Niederlage" nur mit einem unangemessenen Aufwand an Zeit und Kräften zu lösen vermag: Parteien, zwischen denen sich ein Konflikt anbahnt, sollen sich in bestimmten Fällen einem Schlichtungsverfahren unterziehen, das eine notwendige – nicht vermeidbare – Vorstufe des bürgerlichen Rechtsstreits darstellt[237]. Die

---

gen müßten deshalb „aus Personalmitteln durch Nichtbesetzung freier Stellen bis zum Jahresende 1998 erwirtschaftet werden."

[235] Festschrift für E. Schneider, Seite 37.

[236] Durch ein „disjunktives", d. h. auf Alternativen festgelegtes Urteil im Sinne der formalen Logik.

[237] Das Einführungsgesetz der Zivilprozeßordnung soll kraft der Vorschrift eines § 15 a den Bundesländern die folgenden Möglichkeiten eröffnen (Drucksache des Bundesrats Nr. 605/96 vom 14. 8. 1996; Verhandlungen des Bundestags, Drucksache 13/6398, sowie Stenographische Berichte, 13. Wahlperiode, 182. Sitzung vom 13. 6. 1997):

„Durch Landesgesetz kann bestimmt werden, daß die Erhebung der Klage erst zulässig ist, nachdem von einer durch die Landesjustizverwaltung eingerichteten oder anerkannten Gütestelle versucht worden ist, die Streitigkeit einvernehmlich beizulegen,

1. in vermögensrechtlichen Streitigkeiten über Ansprüche, deren Gegenstand an Geld oder Geldeswert fünfhundert Deutsche Mark nicht übersteigt,

2. in Streitigkeiten über Ansprüche wegen

## 2. Die Prozeßvermeidung als Ziel der Rechtspolitik

Schlichtung, in dem Interview eines Justizministers beschrieben als „Mischung von Gesprächstherapie und juristischem Schamanentum"[238], ist für geringe Streitwerte und für Auseinandersetzungen zwischen Grundstücksnachbarn vorgesehen, weil hier eine zwischen den Parteien vermittelnde Lösung erträglich, wenn nicht sogar von der Sache her empfehlenswert erscheint[239].

Mit dem Gesetzesentwurf findet der in den siebziger Jahren propagierte, damals jedoch ohne Anklang gebliebene Typus des Richters als „Sozialingenieurs"[240] in der abgewandelten Gestalt des Schlichters einen späten Eingang in die Rechtspflege.

Als eine *obligatorische* Lösung darf der Staat die vorgeschaltete Schlichtung bei einem Streitwert bis zu 500.- DM in Anspruch nehmen. Obwohl selbst die Forderung einer geringen Geldsumme mit beträchtlichen wirtschaftlichen und zwischenmenschlichen Konsequenzen verbunden sein kann[241], darf den Parteien hier der Versuch einer einverständlichen Regelung mit dem (vorläufigen) Verzicht auf den „Rechtspunkt" zugemutet werden.

---

a) der in § 906 BGB geregelten Einwirkungen auf das Nachbargrundstück, sofern es sich nicht um Einwirkungen von einem gewerblichen Betrieb handelt,
b) Überwuchses nach § 910 BGB,
c) Hinüberfalls nach § 911 BGB,
d) eines Grenzbaums nach § 923 BGB,
e) Einhaltung eines landesrechtlich geregelten Grenzabstandes für Pflanzen.
Der Kläger hat eine von der Gütestelle ausgestellte Bescheinigung über einen erfolglosen Einigungsversuch mit der Klage einzureichen. Diese Bescheinigung ist ihm auf Antrag auch auszustellen, wenn binnen einer Frist von drei Monaten das von ihm beantragte Einigungsverfahren nicht durchgeführt worden ist."

238 „Ein Schlichter soll die Prozeßlust bremsen. Der Düsseldorfer Justizminister Behrens will die Gerichte entlasten" („Frankfurter Allgemeine Zeitung" vom 26. 3. 1997).
„Schamane": Eine magisch-religiöse Autorität, hier eine Art „Vergleichsbeschwörer".

239 Die Beweggründe des Gesetzgebers nennen die Bundesrats-Drucksache Nr. 605/96: Prozeßökonomische Behandlung von Streitigkeiten über geringe Vermögenswerte sowie Beilegung von Konflikten zwischen Parteien, die in dauerhaften Beziehungen stehen und auch nach einem Urteil miteinander auskommen müssen (Seite 114), und die Stenographischen Verhandlungen des Deutschen Bundestages, 13. Wahlperiode, Seite 16365 ff.: Entlastung der Justiz um schätzungsweise eine halbe Million Prozesse im Jahr, dauerhafter Frieden durch vermittelnde Lösungen ( Seite 1366), Mediation durch qualifizierte Rechtsanwälte (Seite 1368), Klärung streitiger Tatsachenbehauptungen vor einem Prozeß (Seite 16378), Befriedung von Streitigkeiten unter Nachbarn (Seite 16380).

240 K. Zweigert, „Die Zeit", Heft 8/1969; Rasehorn JZ 1970, Seite 574/75 f; Heinz, DRiZ 1972, Seite 305, und 1974, Seite 87.

241 Ein Nahverkehrsunternehmen fordert von dem ertappten Schwarzfahrer das erhöhte Beförderungsentgelt von gegenwärtig 60.- DM. Die erfolgreiche Klage hat eine „generalpräventive" Ausstrahlung auf Hunderte, ja Tausende von gleichliegenden Sachverhalten.
Die Aussprache über den Gesetzesentwurf im Deutschen Bundestag behandelte auch den Streit über im Einzelfall nur geringe, in ihrer Masse sich jedoch auf Millionen summierende Versicherungsprämien, deren rechtliche Grundlage zweifelhaft ist (Verhandlungen a. a. O., Seite 16371).

Der *empfehlenswerte* Versuch einer Schlichtung ergibt sich aus der Natur nachbarschaftlicher Streitigkeiten. Über die Abwehr von Immissionen, d. h. von Lärm, Gerüchen, Gasen, Dämpfen oder Erschütterungen, die von einem Nachbargrundstück ausgehen (§ 906 BGB), von eingedrungenen Wurzeln und überhängenden Zweigen (§ 910 BGB), die Auseinandersetzung über Früchte, die von einem Nachbargrundstück hinüberfallen (§ 911 BGB) und schließlich über die Beseitigung eines auf der Grundstücksgrenze stehenden Baumes (§ 923 BGB) läßt sich oft nur schein-rational urteilen: Die immer wieder ausbrechenden affektgeladenen Konflikte, das fast unentwirrbare Knäuel beiderseitiger Feindseligkeiten und die Gefahr, daß ein Urteil Feindschaften nicht beruhigt, vielmehr über Generationen hinweg verfestigt, erschweren die prozeßförmige, allein auf die Vergangenheit gerichtete Lösung. Der Versuch einer therapeutischen, auf das künftige Zusammenleben zielenden Schlichtung kann in solchen Fällen die Gegensätze ohne den Rückgriff auf Kategorien wie „Recht" und „Unrecht" beruhigen, *sofern die Parteien für einen Verzicht auf Rechte und Rechthabereien überhaupt zu gewinnen sind.*

Es lohnt sich, die mit dem Entwurf einhergehenden Hoffnungen an einem geschehen Prozeß zu überprüfen[242]: Die „exotisch-schrillen" Töne einer Papageienart „Rosenköpfchen" störten die Nachbarn des Liebhabers, die eine Reihenhaussiedlung bewohnten. Die Richter der zweiten Instanz spitzten bei einem Ortstermin in der Siedlung die Ohren, um das behauptete Kreischen selbst beurteilen zu können. Sie beendeten den im Urteil berichteten „erbitterten Streit" mit einem durch Urteil verfügten Kompromiß: Der Vogelliebhaber darf den Käfig mit den Papageien auf die Terrasse seines Reihenhauses *vormittags von 9 bis 12 Uhr und nachmittags von 13 bis 16 Uhr stellen.*

Der Streit war wie geschaffen für die Schlichtung, die das Berufungsgericht nach einem Ortstermin durch sein Urteil oktroyierte.

Waren die Parteien *überhaupt ansprechbar* und willens, Rücksicht auf die Belange des Nachbarn zu nehmen, hätte der Streit, möglicherweise nach mehreren Gesprächsrunden, aber mit einem verhältnismäßig geringen Aufwand an Zeit und Kräften beigelegt und ein Gerichtsverfahren durch zwei Instanzen (!) vermieden werden können[243].

Der Entwurf könnte noch in der laufenden Legislaturperiode Gesetz werden, sofern sich die Parteien auch über eine mit ihm verbundene „Öffnungsklausel zur Handelsregisterführung" einigen[244].

---

[242] Wiedergabe nach einem Bericht der „Frankfurter Allgemeinen Zeitung" vom 31. 8. 1995, dem Urteil des LG Nürnberg-Fürth (13 S 9530/94) und nach meiner Darstellung in ZZP Band 109 (1996), Seite 135/58.

[243] Der vor dem Schlichter geschlossene Vergleich soll ein Vollstreckungstitel i.S. des § 794, Nr. 1 ZPO werden (Bundesrats-Drucksache, Nr. 605/96, Seite 115).

[244] Nach einer Mitteilung der „Frankfurter Allgemeinen Zeitung" vom 18. 6. 1998. Kraft der „Öffnungsklausel" können die Bundesländer die Führung des Handelsregisters auf die Industrie- und Handelskammern oder die Handwerkskammern oder eine gemeinsame Einrichtung der beiden Kammern übertragen.

### b) Die obligatorische und die freiwillige Schlichtung

*aa) Der Begriff der „Schlichtung"*

Unter „Schlichtung" als einer Alternative zum Verfahren in bürgerlichen Rechtsstreitigkeiten ist die von den Vorschriften der Prozeßordnung befreite Konfliktlösung auf gesetzlicher oder freiwilliger Grundlage zu verstehen. Im Schlichtungsverfahren leitet eine neutrale Person die möglichen Parteien eines Zivilprozesses, insbesondere Gläubiger und Schuldner im Sinne des bürgerlichen Rechts, dazu an, eine sich anbahnende Auseinandersetzung durch eine für beide Teile befriedigende Vereinbarung beizulegen[245].

Die Schlichtung wird den Beteiligten durch *Gesetz* auferlegt, sofern sie die Prozeßordnung zur Zulässigkeitsvoraussetzung einer gerichtlichen Klage macht[246]. Sind die Voraussetzungen einer obligatorischen Schlichtung dagegen nicht gegeben, ist die Konfliktlösung eine *freiwillige*[247]: Die freiwillige Annahme des Verfahrens unterscheidet sie von dem Schiedsgutachten i.S. des § 317 BGB, das den Inhalt eines Schuldverhältnisses gestaltend[248] oder Tatsachen bzw. rechtliche Merkmale feststellend[249] auf eine bestimmte Leistung festlegt, und weiter vom Schiedsgericht i.S. des § 1025 ZPO, das einen Rechtsstreit anstelle des staatlichen Gerichts entscheidet, ohne daß es, wie das Schiedsgutachten, auf die Feststellung einzelner Elemente des umstrittenen Verhältnisses beschränkt ist[250]. Denn sowohl

---

[245] Dagmar v. Hoyningen-Huene, JuS 1997, Seite 352; Th. Krapp in: Streitschlichtung, a. a. O., Seite 46. Die aus der „mediation" des US-amerikanischen Verfahrensrechts entwickelte Begriffsbestimmung ist nach dem dargestellten Entwurf des Bundesgesetzgebers als Richtschnur auf die hiesigen Verhältnisse übertragbar.

[246] So der oben FN. 237 dargestellte Gesetzesentwurf des Bundesrats, der z. Zt. im Bundestag behandelt wird.

[247] D. v. Hoyningen-Huene, a. a. O.; Th. Krapp, a.a.O., Seite 46; Bühring-Uhle in: Streitschlichtung, a. a. O., Seite 65.

[248] Das Erläuterungswerk von Palandt/Heinrichs, 57. Auflage (1998), 5 zu § 317 BGB, nennt die Ausfüllung der Lücke in einem Vertrag, etwa im Hinblick auf dessen Laufzeit, oder die Anpassung an veränderte äußere Verhältnisse.

[249] Die Feststellung eines Schadens, des Verschuldens oder des ursächlichen Zusammenhanges zwischen einem schädigenden Ereignis und dem sich entwickelnden Schaden (Palandt/Heinrichs, a. a. O., 7 zu § 317 BGB).

[250] Ein Urteil des Bundesgerichtshofs aus dem Jahr 1985 berichtet: „Am 18. Januar 1978 schloß die Antragsgegnerin, eine Bauträger-Gesellschaft, mit der Antragstellerin (einem Bau-Unternehmen) einen Vertrag über die Bebauung eines Grundstücks. Für alle etwaigen Streitigkeiten aus dem Vertrag vereinbarten die Parteien am selben Tag unter Ausschluß des ordentlichen Rechtswegs die Entscheidung durch ein Schiedsgericht" (WM 1985, Seite 817). Schiedsgerichte sollen nach einem Plan der deutschen Wohnungswirtschaft auch für Streitigkeiten unter Wohnungseigentümern eingerichtet und entweder durch einen Passus der Teilungserklärung oder einen einstimmigen Beschluß der Wohnungseigentümer verbindlich

das Verfahren des Schiedsgutachters als auch des Schiedsrichters gründen sich auf Verträge, denen sich die Parteien, sind sie erst einmal geschlossen, nicht mehr entziehen können.

Die Freiwilligkeit der Schlichtung geht so weit, daß die Parteien im Prinzip[251] selbst ein begonnenes Verfahren abbrechen und das Gericht anrufen können: Dieser „Mangel" hat allerdings seinen guten Sinn. Denn wenn sich die Gegner nicht einmal dem Verfahren stellen oder es vorzeitig abbrechen, ist jede gütliche Vereinbarung aussichtslos[252].

*bb) Die Typologie der Schlichtung*

Obwohl der Sinn der Schlichtung in einer weitgehenden Freiheit von verbindlichen Verfahrensregeln besteht, damit sich die Beteiligten unvoreingenommen einer Lösung ihrer Kontroversen stellen, lassen sich *idealtypische*[253] Merkmale der

---

gemacht werden, so daß das für solche Streitigkeiten sachlich zuständige Organ der Freiwilligen Gerichtsbarkeit, das Amtsgericht, nicht mehr angerufen werden kann. Das Bundesjustizministerium begrüßt dieses Vorhaben: Das Schiedsverfahren sei für die Lösung solcher Konflikte besser geeignet als die staatlichen Gerichte, weil die Beteiligten nach einer Entscheidung weiter zusammenleben müßten und die Fronten nach einer Auseinandersetzung durch mehrere Instanzen so verhärtet seien, daß ein neuer Streit „quasi vorprogrammiert sei" („Frankfurter Allgemeine Zeitung" vom 24. 10. 1997 – Ein Schiedsgericht für Wohnungseigentümer).

[251] Eine den Grundsatz nicht in Frage stellende Abweichung sieht die Verfahrensordnung des Ombudsmanns der Privaten Banken vor, wo es unter Abschnitt 4. „Schlichtungsverfahren", zu Ziffer (5) heißt: „Bindungswirkung des Schlichtungsspruches. Der Schlichtungsspruch ist für die Bank bindend, wenn der Beschwerdegegenstand den jeweils nach dem Gerichtsverfassungsgesetz maßgeblichen Höchstbetrag für vermögensrechtliche Klagen vor den Amtsgerichten (derzeit 10.000.– DM) nicht übersteigt. In diesen Fällen ist die Anrufung der ordentlichen Gerichte für die Bank ausgeschlossen. Dem Beschwerdeführer steht der Weg zu den ordentlichen Gerichten offen."

Die Bindung auf der Seite der Banken beruht nicht auf einem Vertrag zwischen den Parteien, d. h. der Bank und ihrem Kunden, sondern einer von der Bank vollzogenen „Beitrittserklärung zum Ombudsmannverfahren" mit dem „ausdrücklichen Verzicht, die ordentlichen Gerichte anzurufen", sofern die Entscheidung des Ombudsmanns nach der Verfahrensordnung bindend ist.

Konstruktiv handelt es sich hier um ein bürgerlich-rechtliches „pactum de non petendo" (Larenz, Allgemeines Schuldrecht, 14. Auflage, 1987, § 19 I a, Seite 270), nämlich ein Versprechen der Bank, gegen den Kunden nicht gerichtlich vorzugehen, verbunden mit der Zusage, die vom Ombudsmann zuerkannte Forderung des Kunden zu erfüllen oder den Kunden durch einen Erlaßvertrag aus der Haftung zu entlassen. Ob das „pactum de non petendo" ein echter Vertrag zugunsten des Kunden i.S. des § 328 BGB ist, erscheint mir zweifelhaft.

[252] So richtig Bühring-Uhle, Streitschlichtung, a. a. O., Seite 65.

[253] Ob sich diese Ideale verwirklichen lassen, steht – wenigstens für die Bundesrepublik – dahin!

## 2. Die Prozeßvermeidung als Ziel der Rechtspolitik

Schlichtung finden und denen der gerichtlichen Streitentscheidung gegenüberstellen[254]:

- das Entscheidungsverfahren ist vergangenheitsbezogen,
  die Schlichtung blickt in die Zukunft,
- das Entscheidungsverfahren berücksichtigt nur die den Spruch tragenden, „relevanten" Fakten,
  die Schlichtung richtet den Blick auf die angeschlagene rechtliche Beziehung als Ganzes,
- die Streitentscheidung orientiert sich an den Kategorien von Schuld und Haftung,
  die Schlichtung geht darüber hinaus: Sie hat das Ziel, Rechtsverhältnisse in der Krise nach Möglichkeit wiederherzustellen,
- die Entscheidung trennt Gewinner und Verlierer,
  die Schlichtung sucht die einvernehmliche Regelung,
- die Streitentscheidung gründet sich auf Normen und erstrebt daher eine allgemeingültige Regelung,
  die Schlichtung läßt sich von den Gerechtigkeitsvorstellung der Beteiligten leiten,
- das Entscheidungsverfahren wird von den Anwälten dominiert,
  die Schlichtung legt Wert darauf, die Beteiligten persönlich zu Worte kommen und handeln zu lassen.

Diese wegweisenden Merkmale machen nur den *Typus* der Schlichtung aus, sie brauchen mithin nicht insgesamt erfüllt zu sein, um die Schlichtung von der gerichtsförmigen Entscheidung abzugrenzen. Beispielsweise ist in der Bundesrepublik die mündliche Aussprache vor dem Schlichter in der Regel nur fakultativ vorgesehen[255], um den Beteiligten die Reise zu einer Schlichtungsstelle zu ersparen[256]. Mangels einer mündlichen Aussprache beschränkt sich die Vermittlung auf ein schriftliches Verfahren, das mit dem Spruch des Schlichters abschließt. Hat das Verfahren sogar nur das beschränkte Ziel der Klärung von medizinischen oder technischen Vorfragen durch das Gutachten eines Sachverständigen oder einer Kommission, ist die anspruchsvolle Bezeichnung der „Schlichtung" irreführend, man spräche hier treffender von der Beurteilung durch eine „Gutachterstelle"[257].

---

[254] Wegweisend die Typologie von F. Sander in: Gottwald / Strempel, Streitschlichtung, a. a. O., Seite 21 („Adjudication – Interest-Based Mediation"), übersetzt in der Übersicht Seite 34 („Entscheidungsverfahren – Interessenorientierte Schlichtung").

[255] Die Verfahrensordnung des „Ombudsmannes der privaten Banken" (Abschnitt 4, 4: Verfahren beim Ombudsmann) besagt zu diesem Punkt: „Der Ombudsmann kann eine ergänzende Stellungnahme der Parteien zur Klärung des Sach- und Streitstandes anfordern, wenn ihm dies erforderlich erscheint; er kann die Parteien auch mündlich hören. Eine Beweisaufnahme führt er nicht durch, es sei denn, der Beweis kann durch die Vorlegung von Urkunden angetreten werden (Nr. 2 Abs. 2 e dieser Verfahrensordnung):"

[256] Der Kunde, der seiner Bank einen Beratungsfehler vorwirft, wohnt in Berlin, der Ombudsmann der privaten Banken arbeitet in Köln.

[257] Ich folge dem Bericht von Bodenburg, Die zivilrechtliche Arzthaftung und die Tätigkeit der ärztlichen Gutachter- und Schlichtungsstellen, VersR 1980, Seite 996 / 97 f.

III. Die doppelte Rechtsordnung in der Gegenwart

*cc) Die Chancen der Schlichtung*

Die Chancen der Schlichtung seien an zwei Begebenheiten aus dem Rechtsleben *überschlägig*[258] dargestellt.

(1) Der erste Sachverhalt ist durch die tragischen Folgen einer verunglückten Bypass-Operation in einem sog. Herz-Zentrum geprägt[259]. Einer der Kunststoff-Schläuche der Herz-Lungen-Maschine platzte während der Operation. Dadurch gelangte Luft in die Blutbahn des Patienten , welche die Großhirnrinde schädigte und ein über Wochen dauerndes Koma zur Folge hatte.

Der Operationsbericht verzeichnet einen Materialfehler des geplatzten Schlauches, der von einem Angehörigen beauftragte Anwalt des Patienten beruft sich dagegen auf einen Fehler des Kardiotechnikers, der einen neuen Schlauch ohne vorherige Entlüftung eingesetzt habe.

Der Schlauch, das einzige Beweisstück, landete als „Einmal-Material" im Mülleimer.

Der Vertreter des Patienten fordert den Ersatz der Pflegekosten von monatlich 7.000 DM und ein Schmerzensgeld von 500.000 DM, das Berliner Herzzentrum erkennt ein Verschulden „dem Grunde nach" nicht an, will aber die monatlichen Pflegekosten bis zur Entscheidung der Schlichtungsstelle der Norddeutschen Ärztekammer in Hannover übernehmen. Wegen der Dimension des Falles will die Berliner Senatorin für das Gesundheitswesen, wie es in dem Pressebericht heißt, „als Vermittlerin ein Gespräch mit den Parteien führen. Sie hofft auf schnelle Einigung."

Würde der Streit mit dem Anspruch auf vollständige Klärung des Sachverhalts in einem Zivilprozeß ausgetragen, liefe er an voraussichtlich drei Kardinalfragen auf:

– War es ein Fehler des Kardiotechnikers, daß Luft in die Blutbahn des Patienten gelangte? Oder hatte der Techniker zwar den Schlauch entlüftet, das Verbindungsstück wies aber einen Materialfehler auf, den der Hersteller zu verantworten hätte (§ 1 des Produkthaftungsgesetzes)?

– Durfte der geplatzte Schlauch einfach „entsorgt werden"? Kann mithin dem Herzzentrum die schuldhafte Beseitigung eines Beweismittels mit der Folge vorgeworfen werden, daß der Patient nicht mehr beweisbelastet ist, der Nachweis fehlender Ursächlichkeit und fehlenden Verschuldens vielmehr kraft einer „Umkehrung der Beweislast" der Klinik obliegt[260]?

– Ist die behauptete Schädigung der Großhirnrinde des Patienten vorübergehend oder dauernd? Wie lange kann die Bewußtlosigkeit voraussichtlich anhalten – Wochen, Monate, Jahre, für immer?

---

[258] Ein genaue, notwendigerweise auf einen Sachverhalt beschränkte Prüfung, folgt unten Seite 69 ff., sub dd).

[259] Nach einem Bericht der „Berliner Morgenpost" vom 16. 9. 1997.

[260] Zur schuldhaften Beweisvereitelung durch fahrlässige Vernichtung des zu untersuchenden Gegenstandes: Baumbach / Lauterbach / Hartmann; ZPO, 55. Aufl. (1997), Rdnr. 29 des Anhangs zu § 286.

## 2. Die Prozeßvermeidung als Ziel der Rechtspolitik 69

Der Kläger hätte zu erwägen, ob es sich empfiehlt, dem Hersteller den Streit zu verkünden, um bei einem Mißerfolg des Prozesses gegen die Klinik einen Zweitprozeß mit erleichterten Voraussetzungen in der Beweisfrage zu führen (§ 72 ZPO)[261].

Eine wichtige, möglicherweise die wichtigste Frage bei der Wahl zwischen Schlichtung und Prozeßführung ist das Kostenrisiko[262]: Forderte der Kläger vorsichtshalber nur eine Jahresrate der monatlichen Pflegekosten, so betrüge der Streitwert ca. 84.000 DM; ein zusätzlich eingeklagtes Schmerzensgeld von 100.000 DM könnte den Streitwert auf 184.000 DM anwachsen lassen. Das Prozeßkostenrisiko beliefe sich bei diesem Streitwert von 184.000[263]:

- in der ersten Instanz mit einer Beweisaufnahme auf 22.733 DM,
- in zwei Instanzen mit Beweisaufnahme auf 53.190 DM,
- in drei Instanzen auf 80.830 DM.

Die Besorgnis, daß der Prozeß, ist er einmal begonnen, durch die Instanzen hindurch ausgetragen wird, ist nicht unbegründet, weil das Herzzentrum solchenfalls von dem Berliner Krankenhausversicherer, der Feuersozietät Berlin, Unterstützung erhielte und dem Versicherer daran gelegen sein könnte, die Flut der Klagen wegen ärztlicher Behandlungsfehler wenigstens bei Gelegenheit eines herausragenden Prozesses einzudämmen[264].

Die Schlichtung, angeregt durch die Berliner Senatorin für Gesundheit und aufgegriffen vor der Schlichtungsstelle der Norddeutschen Ärztekammer in Hannover, hätte andererseits für beide Teile den Vorteil der schnellen, sparsamen und diskreten Bereinigung eines Versagens, das eher die Bezeichnung eines „Unglücks" als die eines „verschuldeten Kunstfehlers" mit Richtlinienwirkung für andere Sachverhalte verdient. Allerdings müßte sich die Schlichtungsstelle mit einem Privatgutachten[265] und der darauf gestützten Prognose des möglichen Ausfalls einer gerichtlichen Beweisaufnahme begnügen; verfügt sie doch weder über die Kompetenz noch die Mittel, die „Wahrheit" im strengen Sinne des § 286 ZPO zu finden.

---

261 Der Hersteller des Schlauchs als sog. Streitverkündungsgegner müßte sich die Ergebnisse des Prozesses gegen die Klinik entgegenhalten lassen (§§ 74, 68 ZPO).
Der Kläger hätte allerdings auch die Kosten der Streithilfe zu tragen, wenn der Hersteller der Klinik als Streithelfer beitritt und der Kläger den Prozeß gegen die Klinik verliert (§§ 101, 91 ZPO).

262 Das Risiko des Landes Berlin als Träger des Herzzentrums könnte sich durch die Befreiung der Länder von den Gerichtskosten (§ 2 I GKG) etwas vermindern.

263 Zugrundegelegt ist die Prozeßkostenrisiko-Tabelle von Zankl, Beilage 17 zu Heft 26/ 1994 vom 20. 9. 1994 des Betriebs-Beraters.

264 Die „Berliner Morgenpost" vom 16. 9. 1997, Quelle des dargestellten Sachverhalts, leitet ihren Bericht mit der Aussage ein: „Der Trend in Berlin, Krankenhäuser wegen Regreßansprüchen zu verklagen, steigt, so Hilmar Schweer, Sprecher der Feuersozietät Berlin. Die Feuersozietät ist der größte Krankenhausversicherer in Berlin."

265 Die von der Gutachter- bzw. Schlichtungsstelle einer Ärztekammer angeforderten Äußerungen eines medizinischen Sachverständigen haben zwar nur die Qualität von Privatgutachten, die ein später angerufenes Gericht nicht binden, ausgeschlossen ist aber nicht, daß sie auf die prozeßförmige Beurteilung einen Schatten werfen (Eberhardt, Zur Praxis der Schlichtung in Arzthaftpflichtfällen, NJW 1986, Seite 747/750).

III. Die doppelte Rechtsordnung in der Gegenwart

Ob die Schlichtung letztlich zu einem für den Patienten annehmbaren und den Träger des Krankenhauses sowie dessen Versicherung tragbaren Kompromiß führt, ist mit der Darstellung ihrer Vorzüge nicht gesagt: An der Verhärtung der Standpunkte könnte jeder vernünftige Ausgleich scheitern!

Die Schlichtung verdunkelt aber auch Streitigkeiten, deren Tat- und Rechtsfragen Wegweiser für vergleichbare Sachverhalte sein könnten. Hier ist die Konfliktlösung ohne eine gerichtliche Entscheidung nicht am Platze.

(2) In dem zweiten, hier zu skizzierenden Sachverhalt war ein Sportwagen des Typs „Porsche 911" dadurch in Brand geraten, daß unverbranntes Benzin in den Katalysator gelangte[266]. Durch Überhitzung des Schalldämpfers, des Auspuffrohres und der Stoßstange kam es zu einem Brand am Heck des Fahrzeugs, der zum Ausfall des Bremskraftverstärkers und der Servolenkung führte.

Das Oberlandesgericht Stuttgart faßte in einer Einführung der Berufungsverhandlung die Prozeßunterlagen und drei Sachverständigen-Gutachten dahingehend zusammen, daß es an der Schadensursache keinen Zweifel mehr gab. Zu beantworten blieb allein die Rechtsfrage, ob die Herstellerin die Vorsorge gegen derartige Gefahren versäumt hatte. Der Senat wies zwar „deutlich", wie der Prozeßbericht ausführt, auf eine mögliche Haftung von Porsche hin, regte aber einen Vergleich an, „um nicht unnötig weitere Kosten zu produzieren": Porsche sollte dem Halter, einem Geschäftsmann, bei dem Kauf eines neuen Fahrzeugs einen Preisnachlaß von 70.000 DM gewähren[267].

Der in Aussicht genommene Vergleich, ein Modellfall der Schlichtung, ersparte zwar dem Senat ein Urteil, er schnitt aber die Entscheidung von zwölf vergleichbaren Sachverhalten der Produkthaftung ab[268].

*dd) Die Schlichtung – Faktor oder Modethema des Rechtslebens?*

(1) Die große Zahl der Publikationen über die Schlichtung[269] mit ihrem empfehlenden Unterton und der Eindruck, daß sich die Darstellungen wenig voneinander unterscheiden, legt die Vermutung nahe, daß sie zu allgemein gehalten und zu wenig „auf den Punkt gebracht" sind[270]. Denn wäre die Schlichtung wirklich eine

---

[266] Sachverhalt nach einem Bericht der „Frankfurter Allgemeinen Zeitung" vom 16. 9. 1997: „Porsche nach Katalysatorbrand verklagt. Produkthaftungsfall / Keine allgemeine Rückrufaktion geplant."

[267] Der Abschluß des Prozesses ist nicht bekannt.

[268] Auf die Typizität des Falles wies nach dem angeführten Bericht der Prozeßvertreter des Klägers hin.

[269] Der Kommentar der Zivilprozeßordnung von Baumbach / Lauterbach / Albers, 55. Auflage 1997, Grundzüge, Rdnr. 11 vor § 1025, nennt allein in einer „Auswahl" 14 Veröffentlichungen.
Das Handbuch des Medizinrechts von E. Deutsch, 3. Auflage (1997), Abschnitt XI: „Schlichtungsstellen und Gutachterkommissionen der Ärztekammern", Seite 226, führt unter der einschränkenden Bezeichnung „neuere Literatur" 16 sich teilweise mit der Übersicht im Baumbachschen Kommentar überschneidende Äußerungen an.

## 2. Die Prozeßvermeidung als Ziel der Rechtspolitik

Alternative zum Zivilprozeß, müßte sich dann nicht die Entlastung der Gerichte viel spürbarer auswirken?

Es sei aus diesem Grunde der Versuch unternommen, das Für und Wider der Konfliktlösung ohne Klage und Urteil möglichst konkret, und zwar geleitet durch das Verfahren des Ombudsmannes[271] der privaten Banken, unter die Lupe zu nehmen.

Das Schlichtungsverfahren der privaten Banken[272] erstreckt sich über verschiedene, indessen den Banken eigentümliche Tätigkeitsfelder mit einer erheblichen finanziellen Spannweite, beginnend mit Kleinbeträgen über wenige Mark[273] bis zu Transaktionen über Millionen[274].

Finanzdienstleistungen der Banken sind eine Quelle von Konflikten und Störungen, wenn sich die – oft spekulativen – Erwartungen der Kunden als Illusion herausstellen: Die nicht selten aggressive Werbung der Banken mit Anlagemöglichkeiten, eine zu undifferenzierte Beratung mit geringer Kenntnis politischer und wirtschaftlicher Umstände und der schnelle Wechsel der Wertpapier-, Options- und Devisenmärkte können ein großes Vermögen über Nacht dahinschmelzen lassen. Wird der Kunde von einem solchen Verlust getroffen, liegt es nahe, den Vorwurf von sich auf die Bank zu lenken[275].

---

[270] Die Darstellung der zahlreichen Schlichtungsmöglichkeiten, beispielsweise des Bauhandwerks bei den Kreishandwerkerschaften (Ziff. 2.4.3. der Darstellung von Morasch, Schieds- und Schlichtungsstellen in der Bundesrepublik, Beilage Nr. 66/1984 des Bundesanzeigers), der Schlichtungsstellen für Schuhreklamationen (Morasch, a. a. O., Ziff. 2.4.7.) und der Gutachter- und Schlichtungsstellen bei den Ärztekammern (Morasch, a. a. O., Ziff. 22. 4. 10), ist selbst dann von geringem allgemeinem Ertrag, wenn die jeweilige Schlichtung detailliert geschildert wird: Denn wenn eine Materie wie die Schlichtung noch wenig geprägt ist, müßte sie im Zusammenhang mit den ganz verschiedenen Gebieten des materiellen Rechts betrachtet und beurteilt werden.

[271] „Ombudsmann" (schwedisch) von „Ombud": „Vertreter", „Ombudsmann" = „Vertrauensmann". Der schwedische Ombudsmann wird vom Parlament, dem Reichstag, beauftragt, um Entscheidungen der Verwaltung zu kontrollieren.

[272] Sparkassen, Volks- und Raiffeisenbanken sowie öffentliche Banken wie die Landesbanken und Girozentralen haben sich dem Schlichtungsverfahren nicht angeschlossen (Bundesverband deutscher Banken, Der Ombudsmann der privaten Banken, „Ein faires Angebot für den Kunden").

[273] Im Bereich des „Girokontos für jedermann" oder der Kontoführung für Minderjährige (Bundesverband deutscher Banken, „Daten, Fakten, Argumente", „Fünf Jahre Ombudsmann", 1997).

[274] Zum folgenden: Parsch, Fünf Jahre Schlichtungsverfahren der privaten Banken, WM 1997, Seite 1228.

[275] Unterstützung erhält dieser Vorwurf durch H. Bössenecker, Geldhäuser im Zwielicht, Das Sündenregister der Banken, Fischer Taschenbuch 1996.

Die Banken haben ihrerseits Verluste durch notleidende Kredite (sog. Wertberichtigungen) zu beklagen, weil die Kreditnehmer ihre Bonität unrichtig darstellen oder Schicksalsschläge, wie Arbeitslosigkeit, Unfälle und Krankheiten, Ehescheidungen oder der Tod eines mitverdienenden Ehegatten die termingerechte Rückzahlung vereiteln.

Eine weitere Gruppe von Konflikten erwächst aus Meinungsverschiedenheiten über technische Vorgänge im Zahlungsverkehr: aus Falschbuchungen, fehlerhaften oder verspäteten Überweisungen bzw. Gutschriften und aus der mißbräuchlichen Verwendung abhandengekommener Kreditkarten, kurz gesagt: den Millionen alltäglicher Geschäftsvorfälle[276], bei denen Fehler, statistisch gesehen, fast unvermeidbar sind.

Da „bei Geldfragen die Gemütlichkeit aufhört"[277], ist das Verhältnis der Bank zu ihrem Kunden, einem Verbraucher mit „neuem Selbstverständnis und Selbstbewußtsein"[278], in allen diesen Feldern von latenten Interessengegensätzen geprägt, die sich unversehens in einem offenen Konflikt Luft machen. Das sei an einem vom Bankenverband selbst geschilderten Beispiel verdeutlicht[279]:

(2) Der Bankkunde, der sich an die Beschwerdestelle des Bundesverbandes deutscher Banken wandte[280], beabsichtigte, die aus einem Sparvertrag freigewordenen Mittel von 15.000 DM für die Dauer zwischen einem und einundeinhalb Jahren anzulegen, um nach deren Ablauf eine Verpflichtung zu tilgen. Die Bank, die spätere Antragsgegnerin, riet ihm, das Geld in Aktienfonds zu investieren. In der Folge kam es zu erheblichen Kursverlusten der den Fond bildenden Aktien. Der Wert des Anteils fiel unter den Erwerbspreis.

Mit seiner Beschwerde verlangte der Kunde von der Bank die Rücknahme der Fondsanteile zum Erwerbspreis und die Erstattung von Zinsverlusten.

Da die Bank dem Verlangen nicht entsprach, legte die Beschwerdestelle den Antrag dem Ombudsmann, einem pensionierten Vorsitzenden Richter beim Bundesgerichtshof[281], zur Entscheidung vor[282].

---

[276] Die einführende Darstellung des Ombudsmannes im Bankenverband nennt für das Jahr 1989 6,862 Milliarden Geschäftsvorfälle im Zahlungsverkehr, 50 Millionen im Privatkundengeschäft geführte Konten und 12 Millionen Wertpapierdepots (Hellner, Die Bank 1991, Seite 666).

[277] Ein geflügeltes Wort, das dem Abgeordneten des Preußischen Landtags David Hansemann zugeschrieben wird (G. Büchmann / Ippel, Geflügelte Worte, 21. Auflage 1903, Seite 588).

[278] Bundesverband deutscher Banken, Daten, Fakten, Argumente, Seite 5.

[279] Bundesverband deutscher Banken, Daten, Fakten, Argumente, Seite 12: „Der konkrete Fall Aktienfonds – Kursverluste."

[280] Abschnitt 3 (1) der Verfahrensordnung des Ombudsmannes.

[281] Die Schrift des Bundesverbandes privater Banken, Daten usw., Seite 7, stellt ihn als einen „der besten Kenner des deutschen Bankrechts" vor: „Sein Name stand für eine kritische Fortentwicklung des Bankrechts und für eine Stärkung der Kundenposition."

[282] Abschnitt 4 (4) der genannten Verfahrensordnung.

## 2. Die Prozeßvermeidung als Ziel der Rechtspolitik

Es erging der folgende Schlichtungsspruch:[283]
„Die Bank ist verpflichtet, die vom Kunden gekauften X-Anteile zum Einstandspreis zurückzunehmen und dem Kunden vom Zeitpunkt des Kaufs der Anteile ab 3,5% Zinsen zu bezahlen unter Abzug der dem Kunden in dieser Zeit zugeflossenen Ausschüttungen. Ferner hat die Bank dem Kunden die Depot-Gebühren zu erstatten.

Die Bank hat durch den Rat, die aus dem Sparvertrag freigewordenen Mittel in X-Anteilen anzulegen, den Beratungsvertrag schuldhaft verletzt. Es ist unstreitig, daß der Kunde die Mittel nur kurzfristig für die Dauer von einem bis anderthalb Jahren anlegen wollte. Unter diesen Umstände war die Empfehlung, die Gelder in einem Aktienfonds anzulegen, weder anleger- noch objektgerecht."

Da die Beschwerdegegnerin dem Verfahren des Ombudsmannes beigetreten sein muß, war sie dem Bundesverband deutscher Banken gegenüber verpflichtet, den Schlichtungsspruch zu erfüllen, sofern der Beschwerdewert den Betrag von gegenwärtig 10.000 DM nicht überstieg[284].

(3) Vergleicht man die anscheinend unkomplizierte Schlichtung durch den Ombudsmann der Banken mit dem Rechtsstreit vor einem Amtsgericht, fragt man sich, warum sich Bankkunden überhaupt noch an ein Gericht und nicht an eine private Einrichtung wenden, die mit der Justiz auf den ersten Blick nur noch das Eine gemein hat: daß ihr ein (pensionierter) Richter vorsitzt.

Nachdenklich macht indessen der Vergleich, wenn sich dem hoffnungsvoll-glatten Verlauf der Schlichtung Komplikationen in den Weg stellen,

– weil die Tat- und Rechtsfragen des Falles umstritten sind:
Die Bank bestreitet beispielsweise die Behauptung, der Kunde habe nur eine Anlage über ein bis eineinhalb Jahre gesucht,
oder die Bank den ihr angelasteten Beratungsfehler nicht gelten lassen will, weil sich der Kunde als „Besserwisser" aufgespielt habe,
oder dem Kunden mit dem Ersatz eines Zinsschadens von nur 3.5% nicht gedient ist und er aus diesem Grunde eine Entschädigung von 10% verlangt, weil er die Fondsanteile nicht mit Verlust habe verwerten wollen und daher zur Tilgung seiner Verbindlichkeit einen zu 10% verzinslichen Kredit habe aufnehmen müssen,
– oder sich die Bank dem Schlichtungsspruch nicht unterwirft, mit der Begründung, daß der Wert der Beschwerde wegen des geltend gemachten Zinsschadens von 10% weit über 10.000 DM liege,
– wie weiter, wenn der Kursverlust der Fondsanteile mit Gewinnen einer Fremdwährungsanleihe einhergeht, die der Kunde auf den Rat der Bank fast zur gleichen Zeit gekauft hat. Ist hier eine Vorteilsausgleichung angebracht?
– wie ist schließlich zu entscheiden, wenn der Kunde nach dem Spruch des Schlichters, aber vor dessen Ausführung durch Rückgabe der Fondsanteile seine Beschwerde mit der Begründung zurückzieht, der Wert der Anteile sei gegen alle Erwartung wieder gestiegen? Ist der Rückzug aus dem Verfahren noch in diesem Stadium zulässig oder kraft einer „vertraglichen Rechtskraftwirkung" ausgeschlossen?

---

[283] Daten, Fakten, Argumente, Seite 12.
[284] Abschnitt 4 (6) der Verfahrensordnung.

Wie ersichtlich, hängt der befriedigende Ausgang des Verfahrens vor allem von der Kompromißbereitschaft der Parteien und der Schlichtungsfähigkeit des Falles[285] ab. Fehlen diese persönlichen und sachlichen Voraussetzungen, kann jede noch so kleine Differenz in der Tat- oder Rechtsfrage den Ausgleich, möglicherweise nach einem mühseligen Anlauf, zum Scheitern bringen, weil der Ombudsmann nicht die Macht hat, durch eine schriftsätzlich vorbereitete kontradiktorische Verhandlung, eine förmliche Beweisaufnahme und eine über den Fall hinausgreifende rechtliche Würdigung das entscheidende, eben letzte, Wort zu sprechen.[286]

Nicht anders sind die Aussichten einer gütlichen Beilegung des Streits in dem Fall der verunglückten Bypass-Operation vor der Schlichtungsstelle der norddeutschen Ärztekammern zu beurteilen[287]: Für die Erörterung der hier entscheidenden Beweisfragen ist im Prinzip nur das schriftliche Verfahren und keine mündliche Verhandlung vorgesehen (§ 5, Absatz 1 der Geschäfts- und Verfahrensordnung).

Führt man den Vergleich der beiden Verfahren zu Ende, so erkennt man, daß die Schlichtung die Bedeutung eines „Modethemas" nur in dem Maße verdient, daß man sie aus der Abgelegenheit einer rechtssoziologischen Spezialität befreit. Ist dieser Schritt getan, bleibt die nüchterne Abwägung der Vor- und Nachteile beider Vorgehensweisen mit dem Ziel, eine befriedigende Arbeitsteilung zwischen dem Gericht und dem Schlichter zu gewinnen.

Die Schlichtung vermeidet die psychologischen Barrieren, die dem autoritativen Zivilprozeß fast mit Notwendigkeit anhaften. Als ein verhältnismäßig unkompliziertes Gebilde erscheint sie, um mit einem heutigen Ausdruck zu sprechen, „menschlicher". Aber sie entbehrt den Garantien des Zivilprozesses: der Unabhängigkeit und Unparteilichkeit des Richters (§ 1 GVG, § 41 ZPO) mit dem Recht der Parteien, einen Richter wegen Befangenheit abzulehnen (§ 42 ZPO), der Prozeßförderungspflicht der Parteien (§ 282 ZPO) und im Zusammenspiel damit der Aufklärungs- und Fragepflicht des Gerichts (§ 139 ZPO), der Wahrheitspflicht der Par-

---

[285] Die pragmatische amerikanische Justiz weist die Schlichtung („mediation"), wo vorgesehen, zu Recht den „small claims courts" zu (Th. Krapp, Streitschlichtung, a. a. O., Seite 48). Dagegen verfolgt der deutsche Gesetzgeber mit der Zuweisung von Streitigkeiten bis zu 500.– DM und der Auseinandersetzung unter Nachbarn, wie oben, Seite 62, sub 2. a), dargestellt, eine sehr zurückhaltende Reform.

[286] Abschnitt 4 (4) der Verfahrensordnung des Ombudsmannes der privaten Banken führt über diesen Punkt aus: „Der Ombudsmann kann eine ergänzende Stellungnahme der Parteien zur Klärung des Sach- und Streitstandes anfordern, wenn ihm dies erforderlich erscheint; er kann die Parteien auch mündlich anhören. *Eine Beweisaufnahme führt er nicht durch, es sei denn, der Beweis kann durch die Vorlegung von Urkunden angetreten werden.*"

[287] Die Geschäfts- und Verfahrensordnung ist bei Deutsch / Matthies, Arzthaftungsrecht, Grundlagen, Rechtsprechung, Gutachter- und Schlichtungsstellen, 3. Auflage (Anhang II, Seite 141) abgedruckt.

## 2. Die Prozeßvermeidung als Ziel der Rechtspolitik

teien (§ 138 ZPO), der Mündlichkeit einer gründlich vorbereiteten, kontradiktorischen Verhandlung (§§ 137, 273 ZPO), den Förmlichkeit der Beweisaufnahme (§ 358 ZPO) mit dem Ziel, das Gericht von der „Wahrheit" der tatsächlichen Behauptungen zu überzeugen (§ 286 ZPO), dem Begründungszwang des Urteils (§ 313 ZPO) und der Anrufung einer zweiten (§ 511 ZPO) oder sogar dritten (§ 545 ZPO) Instanz. Über unüberbrückbare Gegensätze persönlicher oder sachlicher[288] Natur kann nur das „Recht" und „Unrecht" scheidende Urteil befinden.

Die Schlichtung hat ihre Stärke darin, um es in einem Satz zu sagen, daß sie ein Mittel der hier besprochenen „doppelten Rechtsordnung" ist: eine nicht so sehr den rechtlichen Gesichtspunkt als die zwischenmenschliche Befriedung betonende Alternative vor dem Gang zum Gericht!

(4) Für die Schlichtung als Faktor – nicht als Modethema – des Rechtslebens mag eine Tabelle über die Arbeit des Banken-Ombudsmanns in den ersten fünf Jahren seit der Errichtung dieser heute mit zwei pensionierten Richtern besetzten Stelle sprechen[289]. Sie stehe als Beispiel für die Wertschätzung von Schlichtungs- und Gutachterstellen, *sofern sie dem Publikum überhaupt bekannt sind.*

Ombudsmann-Beschwerden
1. Juli 1992 bis 31. Mai 1997

- Zahl der Eingaben 7.709
- Eingaben gegen Nichtmitglieder 2.973
- Eingaben gegen Mitgliedsinstitute 4.736
- davon noch in Bearbeitung 359
- davon abgeschlossen 4377
- Beschwerden nicht verfolgt oder zurückgezogen 319
- nach Verfahrensordnung unzulässig 1.785
- nach Verfahrensordnung zulässig 2.273
- zugunsten der Kunden entschieden
- oder im Einvernehmen mit ihnen beigelegt 1.092
- Vergleich durch Ombudsmann angeregt 109
- zugunsten der Bank entschieden 1.072.

Die nüchternen Zahlen lassen sprechen eine beredte Sprache: Die große Zahl der Eingaben von durchschnittlich 1.500 Beschwerden im Jahr bei einer einzigen, der Masse der Bankkunden unbekannten Schlichtungsstelle zeigt das mit einem so-

---

[288] Der Rechtsstreit ist, wie die verunglückte Bypass-Operation zeigt, zumindest für den Patienten von existentieller Bedeutung.

[289] „Die Bank" 1997, Seite 446. Die Werbebroschüre des Bundesverbandes deutscher Banken, Daten, Fakten, Argumente, Seite 7, nennt Dr. Parsch, zuletzt Präsident des Bayerischen Verfassungsgerichtshofs und des Oberlandesgerichts München, und seit 1995 als Kollegen Karl Dietrich Bundschuh, bis zum Eintritt in den Ruhestand Vorsitzender eines Senats des Bundesgerichtshofs.

ziologischen Ausdruck belegte Konfliktpotential aus Bankgeschäften, in einem klareren Ausdruck die schlummernden Gefühle der Verärgerung und des Mißtrauens gegenüber dem nicht selten gebrandmarkten Geschäftspartner, genannt „die Banken". Der zugunsten des Kunden gefällte Schlichtungsspruch in 1.092 Fällen und der durch den Ombudsmann angeregte Vergleich über 109 Beschwerden offenbaren zwar, gemessen an der Zahl der Eingaben von 7.709, eine verhältnismäßig geringe Erfolgsquote von 14.28%. Wären aber alle diese Streitigkeiten vor die Gerichte gekommen, hätten sie auf der Seite der klagenden Kunden vermutlich Enttäuschung, ja Ablehnung gegen „die Justiz" und auf der Seite der Richter Verärgerung über die ungezügelte Streit-Sucht der „Gesellschaft" ausgelöst.

Mag die Zahl der Eingaben, Schlichtungen und verweigerten Entscheidungen im Verhältnis zu den vor die Gerichte gebrachten Klagen über Bankgeschäfte[290] gering sein, so darf nicht die befriedigende und ablenkende Wirkung unterschätzt werden, die von den beiden Ombudsmännern mitsamt der ihnen vorgeschalteten Beschwerdestelle ausgeht.

### 3. Formen und Foren der privaten Lösung von Rechtskonflikten

a) Auf welche Weise Rechte im privaten Bereich durchgesetzt und Konflikte beigelegt werden, läßt sich wegen der Vielfalt der Temperamente und der sie beeinflussenden Situationen schwerlich auf einen Begriff bringen. Das „Ansprechen" des Schuldners, das Windscheid mit dem Begriff des „Anspruchs" verband[291] und an die Stelle der überlebten, zu keiner Zeit ausschließlich herrschenden „actio" setzte[292], mag auf der Skala der Gefühle mit einer höflichen Erinnerung beginnen und bei einem schriftlich, mündlich und öffentlich ausgeübten psychischen Druck auf den Schuldner enden – in seiner Breite entzieht es sich jedoch weithin dem Versuch begrifflicher Beschreibung. Immerhin lassen sich bestimmte Typen der außergerichtlichen Durchsetzung von Rechten und Beilegung von Konflikten entwickeln[293]:

---

[290] Da die Justiz-Statistik keine spezielle Rubrik über „Klagen aus der Geschäftsverbindung mit Banken"enthält, kann deren Zahl nur erraten werden: 10.000 im Jahr??

[291] Definiert im Lehrbuch des Pandektenrechts, 6. Auflage (1887), Band I, § 43: „Anspruch ist das Recht zum Ansprechen, das Recht, von einem anderen etwas zu verlangen" (heute § 194 BGB). Die 9. Auflage in der Bearbeitung von Kipp (1906) setzt vor diese Definition den „Anspruch als rechtliche Zuständigkeit."
Windscheids Schrift „Die actio des römischen Rechts vom Standpunkte des heutigen Rechts" (1856) enthält sich der begrifflichen Festlegung und beschreibt das „Ansprechen" als „Geltendmachen des eigenen gegen den fremden Willen" (Seite 3 und 76).

[292] Über die Unzulänglichkeit eines verabsolutierten aktionenrechtlichen Denkens oben, II. 1. d), Seite 35 ff.

### 3. Formen und Foren der privaten Lösung von Rechtskonflikten

- der Abbruch einer konfliktträchtigen Beziehung,
- das Nachgeben des einen und das Obsiegen des anderen Teils,
- die Kompensation durch Ausgleichsleistungen,
- Verhandlungen und Kompromiß,
- die psychologische „Kriegführung"[294],
- der Kampf, etwa durch Drohung[295], Erpressung, Behinderung und rechtlich legitimierte physische Gewalt:
Die Ausübung des Zurückbehaltungsrechts (§ 273 BGB)[296] die Verweigerung der eigenen Leistung durch Einrede des nicht erfüllten Vertrages (§ 320 BGB)[297], die Aufrechnung mit einer Gegenforderung (§ 387 BGB)[298], die Verwertung von Sicherheiten (§ 1113, 1204 BGB), der Boykott, ferner im Arbeitsrecht der Streik und die Aussperrung sind allesamt rechtlich zugestandene und geregelte Mittel des Schutzes oder der Gewinnung[299] subjektiver Rechte. Gezügelt durch die Gesetze oder die Rechtsprechung zählen sie zur Kategorie des legalen „Kampfes" durch Selbstbefriedigung (Aufrechnung, Verwertung von Sicherheiten) oder die Ausübung von Druck (Zurückbehaltungsrecht, Einrede des nicht erfüllten Vertrages, Boykott).
Die Eigenschaft als Mittel des Kampfes wird handgreiflich, wenn sich der Besitzer einer verbotenen Eigenmacht „mit Gewalt" erwehren (§ 859I BGB) oder der Vermieter die Entfernung der seinem Pfandrecht verhafteten Sachen „auch ohne Anrufen des Gerichts verhindern" (§ 561I BGB) darf.

---

[293] Zum folgenden Th. Raiser, Das lebende Recht, a. a. O., 16. Abschnitt III, Seite 301.

[294] Beispielhaft der Kampf eines Hamburger Kaufmanns gegen die von ihm so bezeichneten Komplizen der Konfiskationen in der früheren sowjetischen Besatzungszone, vorzugsweise die Herren Kohl, Schäuble, Bohl und Waigel, ausgetragen seit Ende des Jahres 1996 vor allem in der „Frankfurter Allgemeinen Zeitung".

[295] Auch mit einem Prozeß!

[296] Zweck des Zurückbehaltungsrechts ist die Sicherung eines Anspruchs mit „mittelbarem Zwang auf den Gläubiger" (Keller im Münchener Kommentar, 3. Auflage, 1994, Rdnr. 1 zu § 273); das Urteil BGH LM § 794 Abs. 1 Ziff. 5 ZPO, Nr. 3, spricht vom „ausgeübten Druck auf den Vertragsgegner".

[297] Emmerich im Münchener Kommentar, a. a. O., Rdnr. 4 zu § 320, bezeichnet die Einrede des nichterfüllten Vertrages als ein Mittel, um auf den Gegner „einen Druck auszuüben, nun ebenfalls die von ihm geschuldete Gegenleistung zu erbringen".

[298] Die Aufrechnung ist nicht nur, entsprechend dem System des Bürgerlichen Gesetzbuchs, ein sog. „Erfüllungssurrogat" geregelt im „Dritten Abschnitt des Zweiten Buchs. Erlöschen der Schuldverhältnisse", sondern auch eine Art „Vollstreckungsbefugnis", nämlich das Recht des aufrechnenden Schuldners, seine Befriedigung aus der Forderung des Gläubigers zu suchen: In dieser Sicht kommt die Aufrechnung einem Selbstzugriff auf die Forderung des Gläubigers gleich (Bötticher, Festschrift für Hans Schima, 1969, Seite 95 ff.). Diese auf den ersten Blick überraschende Seite der Aufrechnung wird klar, wenn der aufrechnende Schuldner im Gläubiger einen Gegner hat, der nicht freiwillig erfüllt, den er aber auch nicht vor Gericht ziehen will.

[299] Dies gilt für den Streik und die Aussperrung als Mittel, Rechtspositionen zu gewinnen (Streik) oder die Gewinnung abzuwehren (Aussperrung).

b) Das Maß anwaltlicher Unterstützung bei der Durchsetzung von Ansprüchen und der Beilegung von Konflikten ist naturgemäß nicht zu ermitteln. Ein „empirisches Untersuchungskonzept mit mehrschichtig angelegten Datenerhebungen in Kanzleien repräsentativ ausgewählter Rechtsanwälte"[300] nimmt zwar für den Anwaltsstand die außergerichtliche Erledigung von 70.6% aller Zivilrechtsfälle[301] in Anspruch, die ein Mandant, sei es auf der Seite des Berechtigten, sei es des Verpflichteten, einem Rechtsanwalt zur Bearbeitung übergeben hatte; demnach gelangten nur 29.4% dieser Sachverhalte an die Gerichte. Aber die Aussagekraft der Untersuchung erscheint mir gering: Ihr Fundament waren 5.750 an *ausgewählte* Kanzleien verschickte Fragebogen mit einer Rücklaufquote zwischen 31.5% und 29%, woraus sich ein Repräsentationsgrad von 15.1% aller Anwälte ergab (!)[302].

## 4. Die Lösung von Konflikten im Völkerrecht

Eine Analogie zur privaten Verfolgung von Rechten und Lösung von Konflikten erlaubt das Völkerrecht, das zwar Gerichte und Schlichtungsstellen mit der Kompetenz zur Entscheidung von Streitigkeiten zwischen Völkerrechtssubjekten[303] kennt[304], dem aber Organe zur Durchsetzung eines Spruchs durch Zwangsvollstreckung einer den Parteien übergeordneten Instanz fehlen. Neben der friedlichen Beilegung von Streitigkeiten nimmt aus diesem Grunde die Selbsthilfe („autopro-

---

[300] R. Wasilewski, Streitverhütung durch Rechtsanwälte, Eine Studie des Instituts für Freie Berufe an der Friedrich-Alexander-Universität Erlangen-Nürnberg (1990), Seite 18.

[301] Die Zahl bezieht sich allein auf Sachverhalte des bürgerlichen Rechts im engeren Sinn ohne Fälle des Arbeitsrechts und des Ehescheidungsverfahrens. Auch Mahnverfahren sind ausgeklammert, weil sie der Gläubiger nach der Studie nur mit dem Ziel in Gang setzt, einen vollstreckbaren Titel zu erlangen, und dabei auf die Mitwirkung eines Rechtsanwalts weitgehend verzichtet (a. a. O., Seite 36).

[302] Wer garantiert die Wahrheit der in den Fragebögen vermerkten Antworten – der befragte Anwalt, der nicht selten bemüht ist, seine Arbeit in günstigem Licht erscheinen zu lassen?

[303] Das sind nicht nur die international anerkannten Staaten, sondern auch internationale Organisationen, beispielsweise die United Nations oder die Europäische Gemeinschaft.

[304] Nach Verdross/Simma, Universelles Völkerrecht, 3. Auflage (1984), Kapitel 14, Tz. 23 ff., die internationale Schiedsgerichtsbarkeit („arbitration") im Sinne des Artikels 37 Satz 1 des I. Haager Abkommens zur friedlichen Erledigung internationaler Streitfälle vom 18. 10. 1907 (RGBl. 1910, Seite 5), weiter der von den Vereinten Nationen eingerichtete Internationale Gerichtshof, dem im Rahmen seiner Kompetenz alle Mitglieder der Vereinten Nationen unterworfen sind (Artt. 7 I und 93 I der UN-Charta). Sein Statut ist in BGBl. 1973, Teil II, Seite 505, veröffentlicht. Hinzu kommt der erst durch Gesetz vom 2. September 1994 (BGBl. II; Seite 1996) errichtete Internationale Seegerichtshof, der über Streitigkeiten aus der Seerechtsübereinkunft der Vereinten Nationen vom 10. Dezember 1982 befindet.

4. Die Lösung von Konflikten im Völkerrecht 79

tection, self-help") die Stelle der Zwangsvollstreckung durch Gerichtsvollzieher und Gerichte ein.

a) Die Typen einer friedlichen Durchsetzung von Rechten und Beilegung von Streitigkeiten zählt die Charta der Vereinten Nationen[305] so detailliert auf, daß sich vergleichende Rückschlüsse auf das „Ansprechen" im Sinne der Windscheidschen Ausdrucksweise anbieten:

„Chapter VI. Pacific Settlement of Disputes

Article 33

(1) The parties to any dispute, the continuance of which is likely to endanger the maintenance of international peace and security, shall, first of all, seek a solution by negotiation, enquiry, mediation, conciliation, arbitration, judicial settlement, resort to regional agencies or arrangements, or other peaceful means of their own choice.

(2) The Security Council shall, when it deems necessary, call upon the parties to settle their dispute by such means."

„Kapitel VI. Friedliche Streitbeilegung

Art. 33

(1) Die Parteien einer Streitigkeit, deren Fortdauer geeignet ist, die Wahrung des Weltfriedens und der internationalen Sicherheit zu gefährden, bemühen sich zunächst um eine Beilegung durch Verhandlung, Untersuchung, Vermittlung, Vergleich, Schiedsspruch, gerichtliche Entscheidung, Inanspruchnahme regionaler Einrichtungen oder Abmachungen oder durch andere friedliche Mittel eigener Wahl.

(2) Der Sicherheitsrat fordert die Parteien auf, wenn er dies für notwendig hält, ihre Streitigkeit durch solche Mittel beizulegen."

„Verhandlungen" sind, auf das Privatrecht übertragbar, eine „intensive Kontaktaufnahme, die eine Einlassungspflicht der Parteien begründet"[306]. „Untersuchungen" bezwecken die Klärung streitiger Tatsachen durch eine von den Kontrahenten eingesetzte Kommission[307]. Sie haben im Privatrecht eine Parallele in der Einrichtung und Arbeitsweise des Schiedsgutachters i.S. des § 315 BGB, der durch Vertrag der Parteien eines Schuldverhältnisses zur Aufklärung eines Sachverhalts eingesetzt worden ist. Die „Vermittlung" und der „Vergleich" decken sich mit den be-

---

[305] Den englischen Text enthält der Kommentar von Simma, The Charter of the United Nations (1994), den deutschen der Kommentar zur Charter der Vereinten Nationen, herausgegeben von Simma (1991).

[306] Tomuschat im Kommentar von Simma, a. a. O., Tz. 25. Die Ausgabe in englischer Sprache formuliert: „Through negotiations the parties to a dispute establish direct contacts between themselves and discuss litigious points. Negotiations thus constitute a more intense form of contact than mere information exchange or consultation. For each of the parties they entail a duty of response."

[307] Zugrundegelegt sind die Begriffsbestimmungen in den beiden, in deutscher und englischer Sprache, verfaßten Kommentaren, jeweils Tz. 26 zu Art. 33 der Charter der Vereinten Nationen.

reits dargestellten Spielarten der privatrechtlichen Schlichtung, der „Schiedsspruch" und die „gerichtliche Entscheidung" gründen sich auf allgemein bekannte Einrichtungen zur Beilegung von Konflikten durch eine den Parteien übergeordnete Autorität. Einzig die „Inspruchnahme regionaler Einrichtungen oder Abmachungen" hat im Privatrecht, nimmt man den Begriff wörtlich und ordnet ihm doch nicht wieder eine Schieds- oder Schlichtungsstelle zu, keine Entsprechung[308].

b) Scheitert der Versuch einer gütlichen Einigung oder erfüllt eine völkerrechtliche Partei nicht den gegen sie ergangenen Schiedsspruch bzw. ein sie verurteilendes Erkenntnis, ist der Gegner im Prinzip auf die Mittel der Selbsthilfe angewiesen: Er muß versuchen, ein zuerkanntes Recht durch sog. Retorsion oder Repressalie[309] durchzusetzen[310].

Der „Protest" als einseitige Erklärung, mit der ein Völkerrechtssubjekt gegen einen Zustand, einen geltend gemachten Anspruch oder das deliktische Verhalten eines anderen Subjekts Widerspruch erhebt[311], zählt nicht zu den Mitteln der Selbsthilfe im engeren Sinn: Er verteidigt gefährdete Rechte[312], vermag sie aber nicht durchzusetzen.

Diese Schwäche des Völkerrechts und die Tatsache, daß es zu seiner Durchsetzung letztendlich auf die Macht ankommt, die ein Staat für seine Rechte und Interessen zu mobilisieren vermag, stellt ein französisches Lehrbuch m. E. am sprechendsten dar[313]:

---

[308] Die völkerrechtliche Literatur führt als Beispiele „The Inter-American System of dispute settling, according to the Charter of the OAS and the Rio Pact, as well as the system of the OAU" an (Tomuschat in the Commentary of the Charter of the United Nations, note 32 of art. 33).

[309] Definiert unten, zu FN. 312 f.

[310] Sehr deutlich und illusionslos Verdross / Simma, Universelles Völkerrecht, 3. Auflage, § 227. Eine Ausnahme gilt für Entscheidungen des Internationalen Gerichtshofs der Vereinten Nationen, deren Durchsetzung durch die sehr milden Mittel der „Empfehlung" oder des „Beschlusses von Maßnahmen" seitens des Sicherheitsrats versprochen wird. Artikel 94 II der UN-Charter besagt darüber: „If any party to a case fails to perform the obligations incumbent upon it under a judgment rendered by the Court, the other party may have recourse to the Security Council, which may, if it deems necessary, make recommendations or decide upon measures to be taken to give effect to the judgement."
„Kommt eine Streitpartei ihren Verpflichtungen aus einem Urteil des Gerichtshofs nicht nach, so kann sich die andere Partei an den Sicherheitsrat wenden; dieser kann, wenn er es für erforderlich hält, Empfehlungen abgeben oder Maßnahmen beschließen, um dem Urteil Wirksamkeit zu verschaffen."

[311] I. Breutz, Der Protest im Völkerrecht (1997), Seite 21. – Der Protest hat im bürgerlichen Recht eine Parallele in der Verwahrung, mit der sich ein Gläubiger gegen die Verwirkung eines Anspruchs schützt (Palandt / Heinrichs, BGB, 57. Auflage, Rdnr. 94 zu § 242).

[312] I. Breutz, a. a. O., Seite 106 - 107.

[313] Nguyen Quoc Dinh / Daillier / Pellet, loc. Cit., p. 854, no. 569.

## 4. Die Lösung von Konflikten im Völkerrecht

„Sur le plan de la technique juridique, le recours à la contrainte dans les rapports internationaux, avec ou sans emploi de la force materielle, se rattache au problème de la sanction du droit international. Il se range parmi les procédés destinés à en assurer l'efficacité. Aucun droit ne peut compter uniquement sur sa force moral pour se faire respecter. A ses sujets récalcitrants, il ne s'impose effectivement que s'il s'érige aussi en un ordre de contrainte.

Vue sous cet angle, la contrainte est une composante légitime du système juridique international, comme de tout système juridique. Elle constitue une des principales manifestations de la fonction *exécutive*, au côté de la fonction législative et de la fonction juridictionnelle, qui y contribuent avec leure finalité propre d'ailleurs.

Il existe toutefois une différence fondamentale entre l'ordre interne et l'ordre international. A l'intérieur de l'État, la réalisation du droit est confiée aux autorités gouvernementale qui peuvent procéder à l'execution forcée des lois et des judgments par la contrainte dont elles détiennent le monopole. Hors de leur frontières, les États ne peuvent compter que sur eux-mêmes, sur leurs propres moyens, pour assurer le respect de leurs droits. Telle est la règle classique. Corollaire du principe de la souveraineté de l'État, elle est aussi la conséquence de l'absence d'une autorité supérieure dans la société internationale.

Comme à l'heure actuelle[314] les organisations internationales ne peuvent prétendre être des autorités superétatiques, cette règle de base conserve sa validité, quelles que soient les adaptations que les réalités nouvelles ont pu lui imposer.

„Unter dem Gesichtspunkt der Rechtsanwendung verbindet sich der Rückgriff auf die Anwendung von Zwang in den völkerrechtlichen Beziehungen, und zwar ohne oder mit Anwendung physischer Gewalt, mit der Frage der Durchsetzbarkeit des Völkerrechts. Systematisch zählt der Zwang zu den Verfahren, welche die Wirksamkeit des Völkerrechts gewährleisten sollen. Kein Rechtssatz kann allein auf seine ethische Kraft bauen, um sich Beachtung zu verschaffen. Gegen den Widerstand seiner Adressaten kann das Recht seine Geltung nur dadurch bewahren, daß es eine Ordnung der Zwangsanwendung enthält.

Unter diesem Blickwinkel ist der Zwang ein gerechtfertigter Bestandteil des Völkerrechts so wie jedes Rechtssystems. Die Zwangsanwendung ist eine grundlegende Erscheinungsform der Gesetzesausführung neben der Gesetzgebung und der rechtsprechenden Gewalt, die jede für sich ihre eigenen Formen der zwangsweisen Verfolgung ihrer Ziele haben.

Gleichwohl besteht ein grundlegender Unterschied zwischen der innerstaatlichen und der völkerrechtlichen Ordnung. Innerstaatlich gesehen, liegt die Verwirklichung des Rechts in den Händen des Staatsapparats, der Gesetze und Gerichtsurteile kraft seines Gewaltmonopols zur Geltung bringt. Außerhalb ihrer Grenzen können die Staaten nur auf sich selbst und ihre eigenen Kräfte zählen, um ihren Rechten Respekt zu verschaffen. Diese klassische Regel ist eine Auswirkung der Souveränität der Staaten und des Fehlens einer ihnen übergeordneten Instanz in der Gemeinschaft der Völkerrechtssubjekte.

Da gegenwärtig die internationalen Organisationen für sich keine den Staaten übergeordnete Autorität in Anspruch nehmen können, behält diese grundlegende Regel ihre Geltung, auch wenn Abschwächungen infolge neuer Situationen eingetreten sind.

---

[314] C'est à dire en 1994.

| | |
|---|---|
| Pour la mettre en oeuvre, les États disposent d'un éventail de moyens, selon une gradation qui va, traditionellement, des mesures pacifiques au recours à la force armée." | Um diese Einsicht in die Tat umzusetzen, verfügen die Staaten über eine Skala von Mitteln, die nach traditioneller Auffassung bei den Instrumenten einer gütlichen Verständigung beginnt und bei dem Einsatz der bewaffneten Macht endet." |

c) Die Retorsion, in deutscher Ausdrucksweise die „Erwiderung" auf eine dem Völkerrecht nicht widersprechende, gleichwohl unfreundliche Handlung[315], und die Repressalie, zu definieren als das „Druckmittel" des Eingriffs eines in seinen Rechten verletzten Staates in einzelne Rechtsgüter des Staates, der einen Unrechtstatbestand gesetzt hat[316], gleichen für das Völkerrecht das Fehlen von Vollzugsorganen aus. Sie bestätigen die These der „doppelten", d. h. der durch die Gerichte *und* durch andere Einrichtungen: durch Schlichter, Schiedsgutachter, Schiedsrichter, Rechtsanwälte als Parteivertreter, Subjekte des Völkerrechts bis hin zu den Privatpersonen, bewährten und gesetzten Rechtsordnung.

Nach einer Meldung in der Tagespresse[317] hat ein griechisches Provinzgericht die Bundesrepublik Deutschland dazu verurteilt, an die Opfer einer Repressalie der deutschen Wehrmacht im Zweiten Weltkrieg einen Gegenwert von 60,5 Millionen DM zu zahlen. In der griechischen Kleinstadt Distomo hatten deutsche Truppen 214 Menschen zur Vergeltung für Angriffe von Partisanen erschossen.

---

[315] Das Lehrbuch Droit International Public von Nguyen / Daillier / Pellet, loc. Cit., p. 875, no. 583, definiert den Begriff „rétorsion": „Dans le langage familier, prendre une mesure de rétorsion, c'est „rendre la pareille". Un État à l'égard duquel un autre État a pris une mesure qui, tout en étant légale et licite, est discourtoise, rigoureuse, dommageable, peut prendre à son tour, à l'égard de celui-ci, des mesures ayant le même caractère, afin de l'amener à composition." „In der Umgangssprache ausgedrückt, ist eine Maßnahme der Retorsion die „Erwiderung durch Gleiches mit Gleichem". „Ein Staat, dem ein anderer Staat, obwohl in seinem Vorgehen legal und erlaubt, unhöflich, unerbittlich streng und schadenstiftend begegnet, darf ihm in gleicher Weise mit dem Ziel antworten, ihn zu einem Ausgleich zu bewegen."

[316] Nguyen / Daillier / Pellet, loc. cit., p. 876, zitieren eine Begriffsbestimmung des Institus für Völkerrecht: „Les représailles sont des mesures de contrainte dérogatoires aux règles ordinaires du droit des gens prises par un État à la suite des actes illicites commis à son préjudice par un autre État et ayant pour but d'imposer à celui-ci au moyen d'un dommage, le respect du droit." „Repressalien sind Maßnahmen des Zwanges außerhalb der normalen Regeln des Völkerrechts, die ein Staat als Antwort auf völkerrechtswidrige und ihm nachteilige Handlungen eines anderen Staates mit dem Ziel ergreift, ihn durch eine ihm zugefügte Schädigung zur Rechtsbefolgung anzuhalten."
Die Definition leitet auch die Darstellung der Untersuchung von B. Dzida, Zum Recht der Repressalie im heutigen Völkerrecht (1997), Seite 47 - 48. Dzida beschreibt die Repressalie ergänzend als „Mittel des Beugezwanges und der Zwangsvollstreckung" (Seite 75). Eine Zwangsvollstreckung kommt in Betracht, sofern ein verletzter Staat Vermögenswerte des Verletzers, vorzugsweise Guthaben, aber auch wirtschaftliche Unternehmungen, mit Beschlag belegt (a. a. O., Seite 75, 110 - 116).

[317] „Berliner Morgenpost" vom 1. November 1997.

5. Bereinigung der menschenrechtswidrigen Konfiskationen    83

Die Bundesrepublik berief sich gegenüber der Klage von 100 Privatpersonen auf ihre Immunität[318], die Unzulässigkeit von privaten Klagen wegen der Kriegführung eines fremden Staates[319], eine 1946 für Griechenland festgesetzte und geleistete Entschädigung von 7.5 Milliarden Dollar[320] und darauf, daß 50 Jahre nach dem Ende des Krieges Reparationsansprüche ihre Berechtigung verloren hätten[321].

Eine Zwangsvollstreckung der Kläger in Vermögen der Bundesrepublik, belegen in Griechenland, könnte die Beklagte im Wege der Retorsion mit einem Abbruch der diplomatischen Beziehungen und im Wege der Repressalie mit einer Sperrung deutscher Flughäfen für griechische Flugzeuge beantworten, Maßnahmen, die so unerfreulich sind, daß sie nur als gedankliche Möglichkeiten angeführt werden[322].

## 5. Die politische, privatautonome und europäisch-richterliche Bereinigung der menschenrechtswidrigen Konfiskationen

Die „politische", d. h. nur von einem rechtlichen Rahmen begrenzte, in der Hauptsache jedoch „dynamische"[323] Handlungsweise der Staaten in ihren Beziehungen untereinander leitet zu der noch nicht in den Einzelheiten[324] geklärten Frage über, auf welche Weise die menschenrechts- und verfassungswidrig enteigneten

---

[318] Bestätigt durch eine Meldung der „Frankfurter Allgemeinen Zeitung" vom 6. Januar 1998. Zum rechtlichen Charakter der Immunität Nguyen Quoc Dinh/Daillier/Pellet, loc. cit., no. 290: „Immunités de l'État".

[319] Dazu Ngyen Quoc Dinh/Daillier/Pellet, loc. cit., no. 499: „La responsabilité internationale ne peut être engagée que dans la mesure où le dommage est juridiquement causé à un sujet du droit international". „Die völkerrechtliche Haftung ist nur in dem Umfange durchsetzbar, in dem eine schädigende Handlung einem Völkerrechtssubjekt zugefügt wurde."

[320] Einwand der Erfüllung (§ 362 I BGB) bzw. der Erfüllung in der Person eines zur Annahme ermächtigten Dritten (§ 362 II BGB).
Repressalien gegen die Zivilbevölkerung eines fremden Staates wurden erst durch Artt. 33 und 34 des Genfer Abkommens zum Schutze von Zivilpersonen in Kriegszeiten vom 12. August 1949 (BGBl. II, Seite 917/929) untersagt.

[321] Einwand der Verjährung, auf jeden Fall der Verwirkung. – Das Bundesentschädigungsgesetz in der Fassung der Schlußgesetze vom 14. 9. 1965 und vom 26. 8. 1966 (BGBl. I, Seite 1315 und 525) bezieht sich nur auf die Verfolgung aus politischer Gegnerschaft gegen den Nationalsozialismus, aus Gründen der Rasse des Glaubens und der Weltanschauung (§ 1) und entschädigt nur Verfolgte mit dem Wohnsitz im ehemaligen Reichsgebiet (§ 4).

[322] Freilich ist nach der zitierten Meldung zu bedenken, daß das griechische Vorgehen den Zweck eines Musterprozesses hatte: Griechische Politiker haben in Bürgerinitiativen 50.000 Anspruchsteller mobilisiert, die Wiedergutmachungsansprüche geltend machen.

[323] Zum Begriff der „politischen" Handlungsweise: H. Henkel, Einführung in die Rechtsphilosophie, 2. Auflage (1977), § 12 3 b, Seite 134: „In der Politik ist vorherrschend das dynamische Element, ein ständiges Fluktuieren...".

[324] Gestellt oben I., 2. b), FN. 65, Seite 23.

Inhaber von Vermögenswerten in der früheren DDR doch noch zu ihrem Recht kommen können: „politisch", d. h. durch Appelle an die Öffentlichkeit, durch eine privatautonome Regelung, welche die Bundesregierung von dem Vorwurf der Hehlerei entlastet und den Vorteil einer möglichst unauffälligen Bereinigung hat, und *als ultima ratio* die Anrufung des Europäischen Gerichtshofs für Menschenrechte?

a) Wie schwach der ethische *und rechtliche* Stand der Politiker ist, die dem Restitutionsausschluß, vermutlich auf Verlangen der damals noch existierenden DDR, zugestimmt haben, zeigt die von dem bereits erwähnten Hamburger Kaufmann angestoßene und finanzierte Anzeigen-Kampagne in der „Frankfurter Allgemeinen Zeitung"[325], die in einer schon fast zwei Jahre dauernden Serie Politiker und Juristen *ungestraft und ohne Widerspruch* der Wegnahme fremden Eigentums, ja der Hehlerei beschuldigt[326].

Beispielhaft für die Schwere der Vorwürfe sei eine einzige, großflächige und damit unübersehbare Anzeige in der Ausgabe des Blattes vom 7. März 1997 erwähnt. Sie zeigt den Kanzleramtsminister Bohl, den Finanzminister Waigel, den Bundeskanzler, den Fraktionsvorsitzenden der CDU Schäuble und den heutigen Außenminister Kinkel an einem Tisch sitzend, beschäftigt mit dem Studium von Immobilienanzeigen einer Tageszeitung, die dem Sinne nach konfiszierte Grundstücke und Gewerbebetriebe im Auftrag des Bundes anbieten.

Der provozierende Untertitel der Zeichnung läßt den Fraktionsvorsitzenden Schäuble die Frage an die Runde richten: „Meine Herren, was ver-hehlen wir denn heute – die Wahrheit oder ein paar Häuser?"

b) Mit gleicher Schärfe Sinne beschuldigen, um nur Beispiele aus jüngster Zeit anzuführen, ein Leserbrief die Bundesregierung der Wegnahme früheren jüdischen Eigentums, „einer Fortsetzung der von den Nationalsozialisten betriebenen Arisierung"[327], und die Anzeige in einer Tageszeitung: „In Memoriam eines Verfolgten zweier Unrechtsregime in Deutschland" die verweigerte Wiedergutmachung durch Rückgabe seines in Staatsbesitz befindlichen geraubten Vermögens"[328]; ein Leitartikel dieser Zeitung[329] klagt die Regierung Kohl einer „Unterdrückung der Wahr-

---

[325] Oben, FN. 294.

[326] Als peinlich für die derzeitige Bundesregierung erachte ich auch eine Bewertung des Bundesjustizministers, wiedergegeben in der „Frankfurter Allgemeinen Zeitung" vom 2. Dezember 1996: „Alles ist äußerst irrational – Für die Enteignungen der Jahre 1945 bis 1949 darf eigentlich kein Sonderrecht gelten". In einer Abhandlung zur Rechtmäßigkeit der Konfiskationen fordert der Minister dazu auf, „die Gerechtigkeitslücke zu schließen" (Sobotka, Seite 561).

[327] Klaus Henning, Hamburg, in der „FAZ" vom 20. 2. 1998: „Für mich als Juden, dessen FamilieNazi-Arisierungen und Konzentrationslager-Morde erleiden mußte, ist dieses Vorgehen (d. h. die „Bereicherung des Staates mit Hehlerware") achtjähriger neuer Staats-Rechtsextremismus, dessen Ende noch nicht abzusehen ist."

[328] Eduard Prinz von Anhalt, Anna-Luise Prinzessin von Anhalt, Edda Darboven, geb. Prinzessin von Anhalt, Ballenstedt, in der „FAZ" vom 18. 2. 1998.

[329] Vom 14. 2. 1998.

## 5. Bereinigung der menschenrechtswidrigen Konfiskationen

heit" an, er geht so weit, den die Restitution verweigernden Mitgliedern dieser Regierung strafbare Handlungen vorzuwerfen, und ein noch deutlicherer Leserbrief[330] bezeichnet es als ungenügend, von staatlicher „Hehlerei" nur zu sprechen, sie müsse geahndet werden[331].

c) Kollektive Kampagnen, getragen von einer „Arbeitsgemeinschaft der Grundbesitzerverbände und für Agrarfragen" sowie einer „Aktionsgemeinschaft Recht und Eigentum", haben sich das Ziel gesetzt, den weiteren Verkauf ostdeutschen Agrarlandes an „ausländische Profiteure und westdeutsche Spekulanten" zu unterbinden[332].

Eine „Großdemonstration" des Deutschen Landbundes aus Anlaß des Bundesparteitages der CDU in Leipzig, zusammengerufen für den 12. Oktober 1997[333], und ein am letzten Tag des Treffens gesteller Antrag, die Enteignungen rückgängig zu machen, erreichten die Verweisung des Restitutionsbegehrens an die Bundestagsfraktion der CDU/CSU[334].

Eine daraufhin eingesetzte Arbeitsgruppe der Fraktion hat die Bundesregierung zu einer ersten, allerdings nur zögerlichen, Aufgabe ihrer Position veranlaßt. Die Verwertungsgesellschaften des Bundesfinanzministeriums sollen nunmehr angewiesen werden, den zwischen 1945 und 1949 konfiszierten land- und forstwirtschaftlichen Grundbesitz im Prinzip nur noch den Alteigentümern, enteigneten Pächtern, sog. „Wiedereinrichtern" und „Neueinrichtern"[335] zum Rückkauf bzw. Erwerb anzubieten und den Erwerb durch „außenstehende Kaufinteressenten vorübergehend und grundsätzlich" auszusetzen[336]. Dabei soll der Kaufpreis in Höhe des im Jahre 2004 fälligen Entschädigungsbetrages[337] gestundet werden.

d) Wie kann sich also die „wahre" gegen die formale, vom Verfassungsgericht gutgeheißene, aber menschenrechts- und verfassungswidrige Ordnung weiter durchsetzen?

---

330 Prof. Dr. Helmut Saake, Hamburg, in der Ausgabe vom 21. 2. 1998.

331 Ein Verdikt über die Haltung der Bundesregierung hat der Vorsitzende des Rechtsausschusses des Deutschen Bundestages, Horst Eylmann, in die Worte gefaßt: „Unrecht gut gedeihet nicht" (zitiert bei Sobotka, Seite 565 und 569).

332 Nach einem Bericht der „FAZ" vom 21. 2. 1998.

333 „FAZ" vom 4. 10. 1997.

334 „FAZ" vom 16. 10. 1997.

335 Als „Wiedereinrichter" definiert § 3 des Ausgleichsleistungsgesetzes vom 27.9. 1994 (BGBl. I; Seite 2628) langfristige Pächter, die auf ehemals volkseigenen, landwirtschaftlichen Flächen ihren ursprünglichen Betrieb wieder eingerichtet haben; dementsprechend sind „Neueinrichter" diejenigen langfristigen Pächter, die auf diesen Flächen einen Betrieb neu eingerichtet haben.

336 So der „Zwischenbericht des Arbeitskreises Enteignungen 1945 bis 1949 der CDU/CSU Bundestagsfraktion" vom 12. Februar 1998.

337 Berechnet nach dem Entschädigungs- und Ausgleichsleistungsgesetz vom 27. 9. 1994 (BGBl. I, Seite 2624).

III. Die doppelte Rechtsordnung in der Gegenwart

Bei aller Nüchternheit der Einschätzung und Prognose können zwei Wege beschritten werden:

Der begonnene *privatautonome* Weg ermöglicht es den Opfern der Konfiskation, ihre *unbeweglichen*[338] Vermögenswerte, falls dort noch vorhanden, von den Verwertungsgesellschaften zurückzukaufen[339] und den natürlichen Verhandlungsspielraum bei dem Abschluß privatrechtlicher Verträge, ermöglicht auch durch § 3 VII und § 4 I des Ausgleichsleistungsgesetzes vom 27. 9. 1994[340], für sich auszunutzen[341]. Dieser Weg hat den Vorteil der Anpassungsfähigkeit und Diskretion, er vermeidet die unreflektierte politische Agitation[342].

Der *europäisch-richterliche* Weg eröffnet sich über die Anrufung der Europäischen Kommission für Menschenrechte oder – auf direktem Wege – des Europäischen Gerichtshofs für Menschenrechte[343], mit der Rüge

– der Verletzung *des Rechts auf Leben* (Art. 2 der Menschenrechtskonvention)[344],
– der *unmenschlichen und erniedrigenden Behandlung* (Art. 3),
– der Verletzung der *Freiheit* ohne rechtmäßige Grundlage (Art. 5)[345],
– der Verkürzung des *Anspruchs auf Gehör in einem billigen und öffentlichen Verfahren (Art. 6)*,

---

[338] Bewegliches Eigentum ist nach § 5 des Ausgleichsleistungsgesetzes durch die Treuhandanstalt zurückzugeben. Ein Anwendungsfall aus jüngster Zeit ist die durch das thüringische Landesamt für offene Vermögensfragen verfügte Rückgabe des Goethe- und Schillerarchivs in Weimar an Prinzessin Leonie von Sachsen-Weimar-Eisenach aus der Hand einer öffentlich-rechtlichen Stiftung gleichen Namens. In diese hatte es ein thüringisches Gesetz vom 29. 5. 1947 überführt. Eine maliziöse Kommentierung der Rückgabe ist in der „Frankfurter Allgemeinen Zeitung" vom 28. 5. 1998 zu lesen.

[339] Betrieben wird diese Art der „Restitution" durch eine „Aktionsgemeinschaft Recht und Eigentum e.V." mit dem Sitz in Bonn.

[340] BGBl. I, Seite 2628.

[341] Dies auch im Hinblick auf den Verkehrswert einer Immobilie, der auf ihre künftige Nutzung, etwa durch einen investierenden Alteigentümer, Rücksicht nehmen kann. In einem „Offenen Brief" an den Vorsitzenden der CDU-Niedersachsen, betitelt „Diese historische Schuld wird immer auf der Regierung Kohl lasten" und abgedruckt in der „FAZ" vom 10. 11. 1997, fordert besagter Hamburger Kaufmann die Rückgabe des von der öffentlichen Hand verwalteten Besitzes zum „symbolischen Kaufpreis von einer D-Mark".

[342] „Stolpe sieht in Scholz-Bericht Mißachtung des Ostens" („FAZ" vom 26. 2. 1998); „Landtag: Bodenreform unumkehrbar" („Berliner Morgenpost" vom 26. 2. 1998, im Hinblick auf eine Entschließung des Landtags des Landes Brandenburg).

[343] Die Zuständigkeit der Kommission begründet Art. 25 der Konvention des Europarates zum Schutze der Menschenrechte und Grundfreiheiten vom 4. November 1950 (BGBl. 1952, Teil II, Seite 686), den direkten Zugang zum Gericht auch für natürliche Personen garantiert das 9. Zusatzprotokoll der Konvention vom 6. November 1990 (BGBl 1994, Teil II; Seite. 491).

[344] Anwendbar auf die in Lagerhaft umgekommenen Opfer.

[345] Anwendbar auf die inhaftierten Opfer.

## 5. Bereinigung der menschenrechtswidrigen Konfiskationen

- der verweigerten *Achtung des Privat- und Familienlebens sowie der Wohnung (Art. 8)*,
- der Verletzung des Anspruchs *auf Behandlung ohne Rücksicht auf politische Anschauung und soziale Herkunft* (Art. 14) sowie endlich der *Mißachtung des Eigentums durch willkürliche Konfiskation (*Art. 1 des Zusatzprotokolls Nr. 1 der Konvention)[346],

begangen durch die deutsche Bundesregierung im Einigungsvertrag vom 31. August 1990 und den Deutschen Bundestag durch das Zustimmungsgesetz zum Einigungsvertrag vom 23. September 1990. *Stellen die Kommission bzw. der Gerichtshof eine Verletzung der Menschenrechte der Konfiskationsopfer fest, haben sie die Befugnis, von der Bundesrepublik die Wiedereinsetzung der Opfer in ihre Rechte zu verlangen*[347]. Die Menschenrechtskommission hat eine dahingehende Beschwerde durch Beschluß vom 4. 3. 1996 als unzulässig zurückgewiesen[348]: Die Beschwerdeführer könnten sich nicht auf eine Rechtsposition berufen, in welche die Bundesrepublik hätte eingreifen können. Aber der Beschluß macht einen so dilettantischen Eindruck, daß eine zweite Beschwerde, erhoben zu einem günstigeren Zeitpunkt, nicht aussichtslos erscheint.

e) Die hier dargestellte doppelte Rechtsordnung äußert sich in der politischen, bürgerlich-rechtlichen und äußersten Falles europäischen Bereinigung der Konfiskationen: Die Betroffenen pochen auf ein überpositives Recht der Restitution der noch im Besitz der Bundesrepublik befindlichen Werte. Um dieses Ziel zu erreichen, setzen sie die Bundesregierung publizistisch und kollektiv, d. h. durch den Einfluß organisierter Interessen, unter Druck.

---

[346] BGBl. 1994, Teil II; Seite 2566.

[347] Art. 32 III der Konvention: „Trifft der betreffende Hohe Vertragschließende Teil innerhalb des vorschriebenen Zeitraums keine befriedigenden Maßnahmen, so beschließt das Ministerkomitee mit der in vorstehendem Absatz 1 vorgeschriebenen Mehrheit, auf welche Weise seine ursprüngliche Entscheidung durchgesetzt werden soll, und veröffentlicht den Bericht."
Art. 53: „Die Hohen Vertragschließenden Teile übernehmen die Verpflichtung, in allen Fällen, an denen sie beteiligt sind, sich nach der Entscheidung des Gerichtshofes zu richten."
Art. 54: „Das Urteil des Gerichtshofes ist dem Ministerkomitee zuzuleiten, dieses überwacht seinen Vollzug."

[348] Abgedruckt bei Sobotka, Seite 825.

## IV. Die Theorie der doppelten Rechtsordnung – eine destruktive oder heilsame Erkenntnis?

Die hier verfochtene Auffassung, es gäbe neben den durch die Gerichte geschaffenen oder wenigstens bestätigten geschriebenen und ungeschriebenen Normen eine durch die Bürger, durch ihre Verbände, durch Schiedsgerichte, Schiedsgutachter, Schlichter und Ombudsmänner verwirklichte Ordnung *im Sinne der konkreten Parteibeziehungen* ist auf den ersten Blick provozierend: Wenn das Recht in letzter Konsequenz eine Ordnung der machtbekleideten Vernunft ist, um den Frieden in einem Gemeinwesen gegen die in der menschlichen Natur lauernden Gesetzlosigkeit zu verteidigen, darf man dann die Autorität der Gerichte verkürzen?

Aber die Zweifel an der Justiz, die Krisen, die sie mit dem Zustand des Gemeinwesens teilt, und ihre – *natürliche* – Unvollkommenheit, die es ihr verwehrt, in alle Bereiche des Zusammenlebens im Staat und der Bevölkerung einzudringen, machen die Harmlosigkeit der Meinung offenbar, die das Recht und die Justiz einssetzen: Das „Recht", das in der gedrängten Atmosphäre einer mündlichen Verhandlung und der menschlichen Schwäche aller hier agierenden Personen, den oder die Richter eingeschlossen, gefunden werden soll, ist immer nur ein Versuch, sich den Idealen von „Wahrheit" und „Gerechtigkeit" zu nähern. Das Streben, diese Ziele zu verwirklichen, trifft noch immer, und gerade am Beispiel der Konfiskationen, auf den Widerstand der Macht und der Opportunität.

Bis auf unsere Zeit gültig, hat Cicero diese Einsicht in den Sätzen formuliert[349]:

„Iam vero illud stultissimum, existimare omnia iusta esse quae scita sint, in populorum institutis aut legibus. Etiamne, si quae leges sint tyrannorum? Si triginta illi Athenis leges imponere voluissent, aut si omnes Athenienses delectarentur tyrannicis legibus, num idcirco eae leges iustae haberentur?"

„Der Gipfel der Torheit ist es, sodann zu glauben, daß alles, was in Institutionen oder Gesetzen der Völker festgelegt ist, gerecht sei. Etwa auch, wenn es Gesetze von Tyrannen sind? Wenn die bekannten Dreißig der Stadt Athen[350] zwangsweise hätten Gesetze geben wollen und wenn auch alle Athener mit den Tyrannengesetzen zufrieden gewesen wären, würde man diese Gesetze für gerecht halten?"

---

[349] De legibus, Über die Gesetze, liber primus I, caput XV, Satz 42.

[350] Die „Dreißig": Nach dem für Athen unglücklichen Ende des Peloponnesischen Krieges gegen Sparta (431 - 404 v.Chr.) wird von dem spartanischen Flottenkommandanten Lysander eine dreißigköpfige Regierungskommision eingesetzt, vor deren Terror zahlreiche Bürger fliehen.

# V. Zusammenfassung in Thesen

1. Die Theorie der Existenz einer doppelten Rechtsordnung besagt:

Das rechtskräftige gerichtliche Urteil bewirkt zwar, je nachdem, ob es ein Recht zu- oder aberkennt, eine die Gerichte bindende Bestärkung, wenn nicht gar eine neue Gestaltung der Rechtslage zwischen den Parteien. Diese Wirkung hat auch die aberkennende Entscheidung: Sie setzt, immer gesehen unter dem Gesichtspunkt des gegenwärtigen und eines künftigen Rechtsstreits, dem bestrittenen, ja sogar dem existenten Recht ein Ende.

Die Gerichte sind jedoch nur *eine* Instanz unter den verschiedenen staatlichen und gesellschaftlichen „das Recht" im Sinne *der konkreten Rechtsbeziehungen* bildenden Kräften: Denn die Parteien eines Rechtsverhältnisses leben nach einer, nicht selten von den anerkannten staatlichen Autoritäten abweichenden eigenen Ordnung. Sie gestalten Rechte und Pflichten in gegenseitiger Fühlungnahme, in der Fachsprache der Gesellschaftswissenschaft in einer „Interaktion", im „sozialen" oder „kommunikativen Handeln"[351].

2. Wegen der Einwirkungsmöglichkeiten der Parteien in einem bürgerlichen Rechtsstreit sowie der Abhängigkeit der Rechtsverfolgung und -verteidigung von den Kräften und den finanziellen Mitteln der Parteien ist „das Recht" in diesem *konkreten Sinne* weniger eine der Gerechtigkeit verpflichtete Ordnung von Geboten und Verboten als vielmehr Ausdruck von Spielregeln gesellschaftlichen Verhaltens.

Sein bestimmender Maßstab ist in diesem Rahmen die Zweckmäßigkeit, weniger die Gerechtigkeit[352].

3. Die rechtskräftige Abweisung einer Klage wegen Beweisfälligkeit des Klägers spricht gegen die Auffassung, die das unanfechtbare Urteil mit den Qualitäten eines Wahrspruchs und einer Quelle des Rechts in den Beziehungen der Parteien zueinander bekleidet („res iudicata ius facit inter partes"), weil das in dieser Situation ausgesprochene „non liquet" die wahre Rechtslage offenläßt.

Gerade das auf die Beweisfälligkeit des Klägers gegründete Urteil gibt den Parteien einen Spielraum für die eigenverantwortliche Gestaltung ihrer Rechtsverhältnisse[353].

---

[351] Oben I. 1., Seite 9 f.
[352] Oben I. 1., Seite 10 f.

4. Die in den Jahren 1991 und 1996 gefällten Entscheidungen des Bundesverfassungsgerichts, welche die Konfiskationen von Vermögenswerten in der früheren sowjetischen Besatzungszone zwischen 1945 und 1949 als bestandskräftig hinnehmen, weil die frühere Sowjetunion die Zustimmung zur Wiedervereinigung der beiden deutschen Staaten vom Verbot einer Rückgabe der entzogenen Werte abhängig gemacht habe, verletzen zwar völker- und verfassungsrechtlich geschützte „unverletzliche und unveräußerliche Menschenrechte": das durch die räuberische Wegnahme in einzelnen Fällen berührte „Recht auf Leben", regelmäßig die „Freiheit der Person", in allen Fällen aber das „Privatleben, die Familie und die Wohnung", weiter die „Gleichheit vor dem Gesetz" und das Menschenrecht des gegen willkürliche Wegnahme geschützten „Eigentums".

Ihre Fehlerhaftigkeit verhindert indessen *innerstaatlich betrachtet* nicht den Eintritt der Rechts- und Gesetzeskraft der Entscheidungen. Stellt jedoch die Europäische Kommission für Menschenrechte oder der Europäische Gerichtshof für Menschenrechte die Verletzung von Menschenrechten fest, können sie von der Bundesrepublik die Wiedereinsetzung der Opfer der Konfiskationen in ihre Rechte verlangen[354].

5. Die Existenz einer doppelten Rechtsordnung zeigt sich hier in der Diskrepanz zwischen dem immer noch offiziell geltenden und verteidigten Zustand und dem durch völker- und verfassungsrechtliche Maximen geschützten Restitutionsbegehren der Konfiskationsopfer gegen die öffentliche Hand. Dabei wird die Rücknahme nicht mehr haltbarer Positionen durch politische und publizistische Aktionen eingeleitet und durch privatautonome Regelungen verwirklicht[355].

6. Das sog. aktionenrechtliche Denken, welche das private subjektive Recht auf eine Leistung nur unter dem Gesichtspunkt seiner Durchsetzung im Rechtsweg betrachtet[356], und das sinngleiche Denken des englischen Rechts in „writs", das sind vom Lordkanzler erteilte Klageformeln, nach deren Theorie und Praxis die Anerkennung eines subjektiven Rechts von seiner Klagbarkeit abhängt („ubi remedium ibi ius")[357] sind einseitig, weil nur auf den Zivilprozeß bezogen. Im äußersten Falle entscheiden zwar über die Existenz eines Rechts damals wie heute der Gang zum Gericht und dessen Urteil. Aber es gibt nicht nur die gerichtliche Regelung zweifelhafter oder gar bestrittener Rechtsverhältnisse: Die Befolgung der Gesetze und die Erfüllung von Verpflichtungen verbürgen im Ausgangspunkt die Klugheit

---

[353] Oben I. 2.. a), Seite 11 ff.
[354] Oben II. 2. b), aa), Seite 13 ff. – bb) und III. 5. e), Seite 85 f.
[355] Oben I. 2. b) bb) - cc), Seite 23, und III. 5. e), Seite 85 f.
[356] Oben II. 1. b), Seite 28 f. und cc), Seite 45 f.
[357] Oben II. 3. c), Seite 51 f.

und die Sittlichkeit im zwischenmenschlichen Verkehr und nur im äußersten Falle die Macht des Staates[358].

7. Auch unter der Herrschaft des römischen und des alten englischen Rechts gestalteten die Parteien ihre Beziehungen nach der praktischen Vernunft, unter anderem nach den Machtverhältnissen, d. h. nach dem Maß, in dem der eine Kontrahent auf den anderen angewiesen war[359].

8. Damals wie heute stehen das sachliche, „gelebte" Privatrecht und die für die pathologischen Sachverhalte geltende Ordnung der Gesetze und des gerichtlichen Verfahrens in einer Wechselbeziehung: Das praktizierte, möglicherweise noch unfertige „Recht" nimmt seinen Weg über die Parteien, ihre Vertreter und mögliche Berater in den Gerichtssaal, seine Bestätigung oder Korrektur wirkt alsdann als „gefestigtes Recht" auf die Praxis zurück.[360]

9. Die mit dem Beginn des Jahrhunderts einsetzende, ununterbrochene Verkürzung des Rechtsschutzes vor den deutschen bürgerlichen Gerichten hat mitursächlich dazu beigetragen, die Prozeßvermeidung in den Vordergrund und die Prozeßführung in den Hintergrund treten zu lassen. Die Prozeßvermeidung durch Schlichtung („mediation") ist ein Ziel der Rechtspolitik geworden[361].

Die Prozeßvermeidung bedient sich der Mittel der Schlichtung, das ist einer von den Vorschriften der Prozeßordnung befreite Konfliktlösung unter neutraler Leitung[362], und der zahlreichen Typen der außergerichtlichen Durchsetzung von Rechten und Beilegung von Konflikten[363].

10. Eine Analogie zur privaten Verfolgung von Rechten und Lösung von Konflikten ist im Völkerrecht zu entdecken, das zwar Gerichte und Schlichtungsstellen mit der Kompetenz kennt, Streitigkeiten zwischen Völkerrechtssubjekten zu entscheiden, dem aber Organe zur Durchsetzung eines Spruchs durch Zwangsvollstreckung seitens einer den Parteien übergeordneten Instanz fehlen. Neben der friedlichen Beilegung von Streitigkeiten nimmt aus diesem Grunde die Selbsthilfe durch Retorsion, d. h. die Erwiderung eines unfreundlichen Verhaltens, und Repressalie, d. h. den Eingriff in die Rechtsgüter des völkerrechtswidrig handelnden Teils, die Stelle der Zwangsvollstreckung durch Gerichtsvollzieher und Gerichte ein[364].

---

[358] Oben II. 4., Seite 57 f.
[359] Oben II. 1. d), Seite 35 ff. und 3. d), Seite 52 ff.
[360] Oben II. 1 d) dd), Seite 40 f.
[361] Oben III. 1. - 2. a), Seite 59 ff.
[362] Oben III. 2. b) aa), Seite 64.
[363] Oben III. 3. a), Seite 75 f.
[364] Oben III. 4., Seite 77 ff.

## Verzeichnis der wichtigsten verwendeten Literatur

*Von der Beck*, Stefan, Die Konfiskationen in der Sowjetischen Besatzungszone von 1945 bis 1949. Ein Beitrag zur Geschichte und Rechtsproblemen der Enteignungen auf besatzungsrechtlicher und besatzungshoheitlicher Grundlage, Frankfurt/Main 1996.

*Von Bethmann/Hollweg*, Moritz August, Der römische Civilprozeß, 2. Band, Formulae, Bonn 1865.

*Binder*, Julius, Prozeß und Recht, Ein Beitrag zur Lehre vom Rechtsschutzanspruch, Leipzig 1927.

– Recht und Macht, Erfurt 1921.

Black's Law Dictionary, 6 th edition, St. Paul, Minn. (USA) 1990.

*Blackston*, Commentaries on the Laws of England, vol. 2, 16th edition, London 1825.

*Blomeyer, Arwed*, Zivilprozeßrecht, 2. Auflage, Berlin 1985.

*Cheshire*, Geoffrey / *Fifoot*, Cecil Herbert, Law of Contract, 9th edition, London 1976.

*Cicero*, Marcus Tullius, De legibus, Textbearbeitung, Einleitung, kritischer Apparat und erklärendes Verzeichnis von Konrat Ziegler, Heidenberg 1950.

*Dalloz*, Encyclopédie Répertoire de droit Civil, tome III, zum Stichwort „Chose jugée", par Juliana Karila de Van, Paris 1996.

– Répertoire de Procédure Civile, 2 e édition, tome I, zum Stichwort „action", par Jean Vincent, Paris 1978.

*Ferid*, Murad/*Sonnenberger*, Hans Jürgen, Das französische Zivilrecht, Band 1/1, Einführung und Allgemeiner Teil, 2. Auflage, Heidelberg 1994.

*Gaul*, Friedhelm, Die Entwicklung der Rechtskraftlehre seit Savigny und der heutige Stand, Festschrift für Werner Flume, Band I, Seite 443, Köln 1978.

*Henkel*, Heinrich, Einführung in die Rechtsphilosophie, 2. Auflage, München 1977.

*Holdsworth*, Sir William, A History of English Law, vol. II, 4 th edition, London 1966.

Jowitt's Dictionary of English Law, by Earl William Allen Jowitt and Clifford Walsh, 2nd Edition by John Burke, London 1977.

*Kaser*, Max, Römisches Privatrecht, 1. Abschnitt, 2. Auflage, München 1971.

*Kaser*, Max/*Hackl*, Karl, Das römische Zivilprozeßrecht, 2. Auflage, München 1996.

*Kollmann*, Andreas, Begriffs- und Problemgeschichte des Verhältnisses von formellem und materiellem Recht, Berlin 1996.

*Krapp*, Thea, Schlichtung, modifiziertes Schiedsverfahren, neutrale Bewertung und ihre Praxis an amerikanischen Gerichten, in: Streitschlichtung, Rechtsvergleichende Beiträge zur außergerichtlichen Streitbeilegung, herausgegeben von Walther Gottwald und Dieter Strempel, Köln 1995.

*Larenz*, Karl, Methodenlehre der Rechtswissenschaft, 6. Auflage, München 1991.

*Leisner*, Walter, Verfassungswidriges Verfassungsrecht, Die öffentliche Verwaltung 1992, Seite 432.

*Lenel*, Otto, Das Edictum perpetuum, Ein Versuch zu seiner Wiederherstellung, 2. Auflage, Leipzig 1907.

*Maitland*, Frederic William, The History of the Register of Original Writs, in: Collected Papers, vol. II, Cambridge 1911.

*De Martino*, Francesco, Wirtschaftsgeschichte des alten Rom, aus dem Italienischen übersetzt von Brigitte Galsterer, 2. Auflage München 1991.

*Maurer*, Hartmut, Eigentumsregelung im Einigungsvertrag, JZ 1992, Seite 183.

*Mazeaud*, Henri et Léon / *Mazeaud*, Jan / *Chabas*, François, Leçons de Droit Civil, tome I, Introduction à l'etude du droit, 9e édition, Paris 1989.

– Leçons de Droit Civil, tome II, Biens, 8e édition, Paris 1994.

*Morasch*, Hellmuth, Schieds- und Schlichtungsstellen in der Bundesrepublik, Praxisanalyse und Perspektiven aus einem Kolloquium der Gesellschaft für Mathematik und Datenverarbeitung, Beilage Nr. 66 / 1984 des Bundesanzeigers, Köln.

*Muther*, Theodor, Zur Lehre von der römischen Actio, dem heutigen Klagerecht, der Litiskontestation und der Singularsukzession, Erlangen 1857.

*Nguyen*, Quoc Dinh / *Dallier*, Patrick / *Pellet*, Alain, Droit International Public, 5 e édition, Paris 1994.

*Paoli*, Ugo Enrico, Das Leben im alten Rom, aus dem Italienischen übersetzt von Gerhard Otto und Lisa Rüdiger, 2. Auflage, Bern und München 1961.

*Parsch*, Leo, Fünf Jahre Schlichtungsverfahren der privaten Banken, Wertpapier-Mitteilungen 1994, Seite 1228.

Paulys Realencyclopädie der classisch Altertumswissenschaft, neue Bearbeitung begonnen von Georg Wissowa, zum Stichwort „Industrie und Handel", Band IX, 2, Stuttgart 1916.

*Pernice*, Alfred, Parerga, Ueber die wirtschaftlichen Voraussetzungen römischer Rechtssätze, Zeitschrift der Savigny-Stiftung für Rechtsgeschichte, Romanistische Abteilung, Band 19 (1898), Seite 82.

*Peter*, Hans, Actio und Writ, Eine vergleichende Darstellung römischer und englischer Rechtsbehelfe, Tübingen 1957.

*Pollock*, Sir Frederic / *Maitland*, Frederic William, The History of English Law before the time of Edward I, 2nd edition, Cambridge 1968.

*Raiser*, Theodor, Das lebende Recht, 2. Auflage, Baden-Baden 1995.

*Rawert*, Frauke, Die Zweiteilung der englischen Anwaltschaft, Köln 1994.

*Rosenberg,* Leo/*Schwab,* Karl Heinz/*Gottwald,* Peter, Zivilprozeßrecht, 15. Auflage, München 1993.

*Rottleuthner,* Hubert, Entlastung und Entformalisierung? München 1997.

– Entlastung und Entformalisierung, Festschrift für Egon Schneider 1997, Seite 25.

*Samuel,* Geoffrey/*Rinkes,* Jac, Law of Obligations and Legal Remedies, London (1996).

*Sander,* Frank, Dispute Resolution within and outside the Courts, An Overview of the US Experience (Gerichtliche und außergerichtliche Streitbeilegung), in: Walther Gottwald/Dieter Strempel, Rechtsvergleichende Beiträge zur außergerichtlichen Streitbeilegung, Köln 1995, Seite 31.

*v. Savigny,* Friedrich Karl, System des heutigen römischen Rechts, 5. Band, Berlin 1841.

*Sobotka,* Bruno (Hrsg.), Wiedergutmachungsverbot? Die Enteignungen in der ehemaligen SBZ zwischen 1945 und 1949, Witten 1998.

*Stein/Jonas,* Kommentar zur Zivilprozeßordnung, 20. Auflage, Band II/2, zu § 322 bearbeitet von Leipold, Dieter, Tübingen 1987.

*Verdross,* Alfred/*Simma* Bruno, Universelles Völkerrecht, 3. Auflage, Berlin 1984.

*Vincent,* Jean/*Guinchard,* Serge, Procédure Civile, 22e édition, Paris 1991.

*Weber,* Max, Wirtschaft und Gesellschaft, Grundriß der verstehenden Soziologie, 5. Auflage Tübingen 1976.

*Wenger,* Leopold, Institutionen des römischen Zivilprozeßrechts, München 1925.

*Wheeler,* Sally/*Shaw,* Jo, Contract Law, Cases Materials and Commentary, Oxford 1996.

*Wieacker, Franz,* Privatrechtsgeschichte der Neuzeit, 2. Auflage, Göttingen 1967.

*Windscheid,* Bernhard, Die actio des römischen Zivilrechts vom Standpunkte des heutigen Rechts, Düsseldorf 1856.

*Windscheid,* Bernhard/*Kipp,* Theodor, Lehrbuch des Pandektenrechts, 9. Auflage, Frankfurt/Main 1906.

Printed by Libri Plureos GmbH
in Hamburg, Germany